⊙ 山东省自然科学基金（ZR2023QG044）

⊙ 山东省自然科学基金（ZR2023QG032）

⊙ 山东省高等学校哲学社会科学研究项目（2024ZSMS312）

⊙ 烟台市社会科学规划项目（YTSK2025-135）

⊙ 山东工商学院特色研究项目（2023TSXM012）

孙向彦 ———— 著

EVOLUTION OF
GUARANTEE–EMBEDDED FINANCING SYSTEMS AND
DYNAMIC INCENTIVE MECHANISMS IN
CROWD INNOVATION PLATFORMS

具有担保功能的
众创平台融资系统演化与
动态激励

经济管理出版社

ECONOMY & MANAGEMENT PUBLISHING HOUSE

图书在版编目（CIP）数据

具有担保功能的众创平台融资系统演化与动态激励 / 孙向彦著. -- 北京 : 经济管理出版社，2025. 4.

ISBN 978-7-5243-0211-7

Ⅰ. F241.4；F275.1

中国国家版本馆 CIP 数据核字第 2025W0X151 号

组稿编辑：赵天宇
责任编辑：赵天宇
责任印制：许　艳
责任校对：陈　颖

出版发行：经济管理出版社
　　　　　（北京市海淀区北蜂窝 8 号中雅大厦 A 座 11 层　100038）
网　　　址：www. E-mp. com. cn
电　　　话：(010) 51915602
印　　　刷：唐山玺诚印务有限公司
经　　　销：新华书店
开　　　本：720mm×1000mm/16
印　　　张：12
字　　　数：222 千字
版　　　次：2025 年 5 月第 1 版　　2025 年 5 月第 1 次印刷
书　　　号：ISBN 978-7-5243-0211-7
定　　　价：88.00 元

前　言

"双创"战略的推进，离不开金融资本的支持，因此必须建设坚强有力的平台融资系统。平台融资系统不仅是"双创"主体的服务者，亦是投资者的服务者，因此平台融资系统中的融资平台具有双边平台的性质。其中，以众创平台为核心的平台融资系统虽然具备股权众筹、债权众筹等平台融资系统无法比拟的优势，但仍然存在网贷平台爆雷的风险。为此，以网贷平台为代表的金融机构通过不断向担保投资机构转型，从而壮大了"领投"群体规模，形成了以众创平台为核心，向担保投资机构提供信用担保的具有担保功能的众创平台融资系统，以提升系统中相关利益主体的积极性，并将在未来服务"双创"战略的融资过程中扮演越来越重要的角色。但现有研究对具有担保功能的众创平台融资系统的运行机制、政策规制分析较少，因此，剖析具有担保功能的众创平台融资系统的运行机制，防范系统内参与主体道德风险，提升系统参与主体的积极性，进而提升具有担保功能的众创平台融资系统的稳健性和运行效率，成为具有担保功能的众创平台融资系统发展过程中亟待解决的问题。本书正是基于此，讨论市场机制与政府规制等异质情景下具有担保功能的众创平台融资系统的运行机制、影响因素、演化规律和动态激励问题。

本书内容如下：

首先，建立了具有担保功能的众创平台融资系统的分析框架，剖析了融资系统运行机制。在相关概念界定的基础上，依托系统管理理论、利益相关者理论、委托代理理论、市场调节与政府规制等理论，建立了具有担保功能的众创平台融资系统的分析框架，剖析了融资系统的运行机制。研究发现：①相较于传统平台融资系统，具有担保功能的众创平台融资系统的运行机制虽然在一定限度上有利于规制各方参与主体的机会主义行为，但会导致系统结构更加复杂，亦无法完全规避各方参与主体的机会主义行为，因此有必要继续对系统稳定性、演化及动态激励问题进行探究。②具有担保功能的众创平台融资系统的运行环境存在异质性，政府直接参与并干预众创平台融资系统的运行使系统内的主次矛盾发生了改变，因此有必要就异质情景下融资系统的演化及动态激励问题进行分别探讨。

其次，分析了融资系统的稳定性与演化问题。为防范众创平台融资系统中参与主体间委托代理冲突可能导致的道德风险问题，构建了异质情景下众创平台融资系统的演化博弈模型，通过数理分析讨论了异质情景下众创平台融资系统的稳定性问题，借助 MATLAB 软件探究了异质情景下众创平台融资系统的动态演化问题。研究发现：①系统内参与主体的初始意愿显著影响了系统的演化轨迹。②众创平台应将自身利益同交易质量挂钩，进而提升投资者对众创平台的信任水平。③众创平台应提升自身监管和项目筛选的技术能力，提高对提供尽职"领投"服务的担保投资机构的激励水平，加强对系统运行的有效监督。④政府应适度地提升监管技术能力，提高监管积极性，但应避免过度的成本投入；不应对看似发展健康成熟的众创平台融资系统放松市场监管。⑤不同情景下融资系统演化存在异质性，市场机制下众创平台的奖惩机制设计的着力点是加强对担保投资机构的监管和奖惩以防范其道德风险行为；政府规制下众创平台的奖惩机制设计的着力点是建立罚金转移支付机制。

最后，分析了融资系统的动态激励问题。为提升具有担保功能的众创平台融资系统的运行效率，设计了异质情景下具有担保功能的众创平台融资系统的动态激励契约，并将众创平台双重过度自信特征引入模型设计，通过数理分析和系统仿真讨论了融资系统的动态激励问题，研究发现：①市场机制下：契约设计必须引入众创平台同担保投资机构间的双向激励机制，众创平台对担保投资机构过高的激励可能存在"庞氏骗局"风险，因此无论是投资者还是政府都必须予以警惕；众创平台风控任务产出波动水平的提高，降低了众创平台风控任务的努力水平，存在市场调节机制失灵的风险，此时政府应主动介入众创平台融资系统的运行，通过行政强制或整合社会资源的方式降低众创平台风控任务产出的波动性，促使众创平台提升风控任务的努力水平。②政府规制下：若众创平台低估了社会任务产出的波动性，那么政府应降低向众创平台提供的社会任务和经济任务的动态激励系数，而以担保投资机构为代表的大众投资者则需要提高向众创平台提供的经济任务的动态激励系数；若众创平台低估了社会任务产出的随机扰动均值，那么政府应及时公布社会性规制标准和数据，进而降低众创平台低估社会任务产出随机扰动均值的过度自信水平，提升众创平台的经济任务努力水平。③不同情景下具有担保功能的众创平台融资系统中众创平台的任务存在异质性，且动态激励契约设计存在异质性。

　　本书通过剖析具有担保功能的众创平台融资系统的运行机制，探究了融资系统运行的稳定性和演化机理，设计并分析了融资系统动态激励契约。通过研究可以发现，具有担保功能的众创平台融资系统可以实现健康的稳态目标；奖惩机制、罚金转移支付机制及双向激励机制的设计和引入可以有效引导融资系统向着健康的稳态目标演化，并提升系统运行效率；在融资系统发展的不同阶段，政府应扮演不同的角色。本书提出的政府规制策略、众创平台奖惩策略、针对众创平台双重过度自信的应对策略，设计并引入的奖惩机制、罚金转移支付机制及双向激励机制，对防范融资系统参与主体的道德风险问题、提升融资系统运行效率具有一定的参考价值。

目　录

1 绪论

1.1 研究背景

大众创业、万众创新战略的推进，激发了社会大众创新、创业的潜能，为缓解社会就业压力、促进中国经济高质量发展和产业转型升级提供了切实可行的路径。根据工业和信息化部及国家统计局发布的数据，中国中小微企业占全国企业总数的90%以上，不仅对 GDP 和财政收入的贡献率分别达到了60%和40%，而且为社会提供了约84%的就业岗位，其中，科技型中小微企业的蓬勃发展更是经济增长与社会进步的不竭动力，显示出中小微企业发展在我国社会经济发展过程中占据着举足轻重的地位。大众创业、万众创新战略的推进，将进一步推动我国经济的可持续发展，为中国经济提供滂沛动力。

"双创"战略的推进，离不开金融资本的支持，因此推动、服务"双创"战略，就必须建设坚强有力的平台融资系统。平台融资系统不仅是"双创"主体的服务者，同时亦是投资者的服务者，因此平台融资系统中的融资平台具有双边平台的性质。根据国家统计局发布的数据可知，2020 年全国居民人均可支配收入突破3.2 万元，同比增长 2.1%，城镇居民人均可支配收入更是接近 4.4 万元，同比增长 3.5%；然而，全国居民人均消费支出和城镇居民人均消费支出仅为2.1 万元和 2.7 万元，同比回落 4%和 3.8%①。由此可见，随着我国居民收入的不断提高，社会大众手中掌握了大量的闲散资金亟待增值。平台融资系统的出现

---

① 资料来源：国家统计局。

为急缺资本进行孵化的双创主体和亟待增值的社会资本持有者提供了交易的场所，也在一定程度上遏制了高利贷的发展。

在巨大的市场前景和政府各种形式的扶持政策面前，提供中介投融资服务的各类融资平台如雨后春笋般迅猛发展。然而，随着平台融资规模的急速扩张，平台融资系统中存在的缺陷和问题也逐渐暴露，并随之反映到市场中。平台融资系统自身的缺陷存在巨大风险，给平台融资系统的发展造成了巨大的打击，不仅加大了双创主体的融资难度，也抑制了大众投资者参与平台融资的积极性。

以众创平台为核心的平台融资系统具备股权众筹、债权众筹等平台融资系统所无法比拟的优势。一方面，在以众创平台为核心的平台融资系统中，众创平台往往具备资深的投融资能力，且在深度参与整个投融资过程的同时，还深入地参与了双创主体的孵化过程，因此，平台融资系统中的主要矛盾亦由投融资双方的矛盾演变为投资主体与众创平台间的矛盾，使传统"领投+跟投"运营模式中非专业的投融资主体间的信息不对称问题得到了一定程度的缓解；而相较于非专业的投资者和专业的投资者同非专业的项目方的三方直接合作系统，非专业的投资者和专业的投资者同专业的众创平台的三方间接合作系统显然更加容易实现稳定。另一方面，传统融资平台的盈利往往依赖于成交额的抽成，致使传统融资平台通常具有较高的推动交易达成的意愿，这为交易的质量埋下了不稳定因素。但是，在以众创平台为核心的平台融资系统中，由于众创平台深度参与了项目孵化过程，因此，众创平台的营收不仅与交易额挂钩，还与最终产出挂钩，这在一定程度上提升了众创平台积极作为的动力，规避了传统融资平台仅作为衔接桥梁，以交易额为目标而忽视交易质量的风险。但在平台融资系统发展受到打击的大背景下，以众创平台为核心的平台融资系统亦未能幸免。

为进一步提升以大众投资者为代表的各类投资者的投资信心，以网贷平台为代表的金融机构不断向担保投资机构转型[①]，壮大了"领投"群体规模，并形成了以众创平台为核心，向担保投资机构提供信用担保的具有担保功能的众创平台融资系统。其中，青海省的"青信融"平台试点了由第三方提供担保的助贷服务，上线6个月便撮合融资2600余笔，为小微企业提供融资突破27亿元[②]。此

① 李娜，丰凤鸣. P2P"全灭"，那些转型助贷的"上岸者"们现状如何？[EB/OL].（2020-12-01）. https：//baijiahao. baidu. com/s？id=1684788657700079866&wfr=spider&for=pc.

② 中国新闻网. 青海"青信融"平台发放贷款突破27亿元 [EB/OL]. https：//www. sohu. com/a/510994888123753. 2021-12-23.

外，腾讯开放平台、海尔创客加速平台均以引入第三方担保为投融资主体提供投融资担保服务。担保投资机构在为大众投资者提供领投服务的同时，亦向大众投资者提供投资担保，这将极大提升大众投资者对投资安全和盈利能力的信心，不仅有利于具有担保功能的众创平台融资系统的资本整合能力的不断改善和信用提升，而且有利于促使担保投资机构为大众投资者提供更加详尽的项目报告，进而规避投融资风险。因此，以众创平台为核心，向担保投资机构提供担保的投融资模式，有助于提升融资系统中相关利益主体的积极性，将在未来服务双创战略的融资过程中扮演越来越重要的角色。

具有担保功能的众创平台融资系统虽然是大势所趋，但仍属于新生事物，对其运行机制、演化规律以及激励契约的理论研究较为鲜见。传统网贷平台爆雷带来的创伤是否依然存在？严重信息不对称带来的不可控投资风险会如何影响大众投资者对具有担保功能的众创平台融资模式的认识？是否会让大众投资者望而却步？如何优化具有担保功能的众创平台融资系统的运行机制，防范系统内参与主体的道德风险，提升系统参与主体的积极性，提升具有担保功能的众创平台融资系统的稳健性和运行效率？这些均成为具有担保功能的众创平台融资系统发展过程中亟待解决的问题。

1.2　问题提出

传统融资模式中的融资平台往往是以中介机构的形式参与双边投融资活动，融资平台可以将更多的精力集中于双边客户的积累，进而形成规模效应。融资平台通过抽成可以快速实现盈利，这虽有助于平台融资系统的快速扩张，提升投融资效率，但交易的质量难以得到保障，并引发了网贷平台爆雷等一系列的金融问题。具有担保功能的以众创平台为核心的融资模式不同于传统的平台融资模式，其不仅引入了担保投资机构为大众投资者提供担保服务，也深度参与了投融资过程，不再简单地以抽成盈利的形式参与投融资，这将有助于提升众创平台服务相关利益主体的积极性。然而，具有担保功能的众创平台融资系统为了形成有效的自我调节机制，实现自我保护功能，系统中的参与主体间也形成了全新的委托代理关系。由于具有担保功能的众创平台融资系统中的参与主体间必然存在着利益诉求不完全一致的问题，因此，具有担保功能的众创平台融资系统运行过程中，势必会衍生出不同于传统平台融资系统的委托代理冲突。如果不能妥善处理这些委托代理冲突，必然会滋生道德风险问题，再次给脆弱的平台融资系统的发展造成影响。

为了应对平台融资过程中的委托代理冲突，防范具有担保功能的众创平台融资系统运行过程中的道德风险问题，提升众创平台融资系统的运行效率，进而重拾社会各界对平台融资的信心，就必须解决如下问题：

（1）如何剖析具有担保功能的众创平台融资系统的运行机制问题

系统结构的不合理和运行机制的不健全，致使传统平台融资系统无法对各方参与主体形成有效的约束激励，未能实现保障各方参与主体利益的功能。因此，剖析具有担保功能的众创平台融资系统的运行机制不仅是探究各方参与主体间行为关系的重要基础，更是推动具有担保功能的众创平台融资系统形成自我调节和保护功能必不可少的步骤。

第一，剖析具有担保功能的众创平台融资系统的运行机制将有助于系统地分析具有担保功能的众创平台融资系统中的利益冲突关系，进而探究具有担保功能的众创平台融资系统中参与主体的行为策略关系和演化问题，用以规避具有担保功能的众创平台融资系统运行过程中可能存在的道德风险问题。

第二，政府是市场的监管者，在市场演化过程中往往扮演着不同的角色，因此，政府对具有担保功能的众创平台融资系统中市场参与主体的干预强度会对具有担保功能的众创平台融资系统中的利益关系产生何种影响，以及政府干预会对具有担保功能的众创平台融资系统的演化及激励契约设计产生何种影响值得思考。

（2）如何处理具有担保功能的众创平台融资系统中参与主体间的策略行为关系问题

在剖析具有担保功能的众创平台融资系统运行机制的基础上，分析具有担保功能的众创平台融资系统中参与主体间的策略行为关系，进而构建具有担保功能的众创平台融资系统演化博弈模型，探究具有担保功能的众创平台融资系统的演化机理及影响系统演化的关键因素，将有助于防范具有担保功能的众创平台融资系统运行过程中可能存在的道德风险问题，并为具有担保功能的众创平台融资系统的动态激励契约设计提供参考。

第一，当政府仅为具有担保功能的众创平台融资系统提供政策保障，并不直接参与并干预具有担保功能的众创平台融资系统运行时，市场机制主导众创平台融资系统的演化。融资系统中利益相关者间的主要矛盾是平台与异质投资主体间的矛盾，众创平台作为具有担保功能的众创平台融资系统的核心中介，如果不能厘清系统中利益相关者间的策略行为关系，正确引导众创平台融资系统内利益相关者的策略行为演化，探究维持具有担保功能的众创平台融资系统平稳、健康运行的策略方法，具有担保功能的众创平台融资系统的发展将举步维艰，更无法建立可靠稳定的契约关系。

第二，当市场机制无法有效保证众创平台融资系统的健康发展时，政府规制则是必要的。政府直接参与并干预具有担保功能的众创平台融资系统运行时，政府目标同投资主体目标必然存在异质性，将产生政府同以担保投资机构为代表的投资者对众创平台的异质委托问题，如若政府不能合理处理同投资主体的异质委托问题，将降低具有担保功能的众创平台融资系统的运行效率。

（3）如何在防范道德风险的基础上，处理具有担保功能的众创平台融资系统的动态激励问题，提升系统的运行效率

设计并分析具有担保功能的众创平台融资系统的动态激励契约，可以为融资系统中各方参与主体决策提供科学依据，这是实现具有担保功能的众创平台融资系统高效运行的重要保障。具有担保功能的众创平台融资系统动态激励契约设计是系统中参与主体有效规避融资政策风险和市场风险的重要手段，对于系统中参与主体而言是实现内部交易和利益分配问题的有效工具和方法。

第一，当政府不直接参与并干预具有担保功能的众创平台融资系统运行时，具有担保功能的众创平台融资系统需要解决的问题是如何设计激励契约以规避各方参与主体的道德风险，以及异质投资主体如何通过激励契约促使众创平台为项目融资经济（盈利）任务和风险控制任务付出努力。

第二，当政府直接参与具有担保功能的众创平台融资系统运行时，具有担保功能的众创平台融资系统需要解决的问题是如何设计激励契约以规避各方参与主体的道德风险，以及政府和以担保投资机构为代表的投资者如何通过激励契约设计促使众创平台为项目融资经济（盈利）任务和社会任务付出努力。

第三，本书还考虑了掌握信息优势的众创平台双重过度自信倾向对动态激励契约设计的影响问题。

（4）如何处理异质情景下具有担保功能的众创平台融资系统演化的差异性问题

模型的构建与分析仅从理论上实现了具有担保功能的众创平台融资系统的优

化与提升，结论的落地才是实现具有担保功能的众创平台融资系统健康运行的根本。此外，异质情景下具有担保功能的众创平台融资系统的演化结果必然存在差异和联系，因此，必须对异质情景下具有担保功能的众创平台融资系统演化结果差异和研究结论的可行性进行讨论，进而提出切实可行的具有担保功能的众创平台融资系统管理提升策略。

因此，本书将首先建立异质情景下具有担保功能的众创平台融资系统分析框架，剖析具有担保功能的众创平台融资系统的运行机制。其次，分析具有担保功能的众创平台融资系统中参与主体间的策略行为关系，进而构建具有担保功能的众创平台融资系统演化博弈模型，探究具有担保功能的众创平台融资系统演化机理及影响系统演化的关键因素。再次，设计并分析具有担保功能的众创平台融资系统的不完全动态激励契约，为系统中各方参与主体决策提供科学依据。最后，对比分析异质情景下具有担保功能的众创平台融资系统演化的异同点，并为具有担保功能的众创平台融资系统的健康运行提供切实可行的策略启示。

1.3　研究目的和研究意义

1.3.1　研究目的

本书针对具有担保功能的众创平台融资系统运行过程中存在的复杂委托代理关系及代理冲突可能导致的道德风险问题和系统运行效率低下等问题，试图寻找解决上述问题的切实可行路径。基于此，本书将之细化分解为以下四个目的：

（1）建立具有担保功能的众创平台融资系统分析框架，剖析系统运行机制

通过设计具有担保功能的众创平台融资系统分析框架，可以更加科学高效地分析并解决具有担保功能的众创平台融资系统运行过程中存在的现实问题，因此本书将首先设计具有担保功能的众创平台融资系统分析框架。通过对传统平台融资系统的运行过程进行剖析可以发现，传统平台融资系统结构的不合理和运行机制缺陷使融资系统无法形成有效的自我调节和保护功能。具有担保功能的众创平台融资系统虽然在一定程度上弥补了传统平台融资系统的运行机制缺陷，但是具有担保功能的众创平台融资系统运行过程中，参与主体间仍然存在着利益诉求不

完全一致的问题，这导致了参与主体间的委托代理冲突，形成了系统运行过程中存在的道德风险问题及运行效率低下问题，政府干预更可能影响具有担保功能的众创平台融资系统中的利益矛盾关系和系统演化。因此，本书通过梳理具有担保功能的众创平台融资系统中多参与主体间的利益相关关系及组织结构关系，分析各参与主体角色、目标等特征的异质性和参与主体策略的异质性，厘清具有担保功能的众创平台融资系统运行过程中复杂的委托代理关系，剖析具有担保功能的众创平台融资系统运行机制，为融资系统演化机理分析和动态激励契约设计奠定基础。

（2）防范参与主体道德风险问题，揭示系统演化机理

探究具有担保功能的众创平台融资系统的演化机理，首先可以掌握系统中参与主体行为策略的演化轨迹，为防范具有担保功能的众创平台融资系统运行过程中的道德风险问题提供启示。其次，探究具有担保功能的众创平台融资系统的演化机理，亦可以通过系统仿真，提取影响系统运行稳定性的关键因素，为具有担保功能的众创平台融资系统动态激励契约设计奠定基础。因此，本书探究异质情景下具有担保功能的众创平台融资系统运行过程中利益相关者间的策略行为关系与代理冲突；构建异质情景下具有担保功能的众创平台融资系统的演化博弈模型，并将三方参与主体初始意愿引入模型设计；在此基础上，借助 MATLAB 软件进行实验仿真，分析异质情景下具有担保功能的众创平台融资系统中参与主体行为策略的演化轨迹。最后，基于研究结论，为具有担保功能的众创平台融资系统稳定运行提供策略建议，并提取影响系统稳定运行的关键因素。

（3）提升具有担保功能的众创平台融资系统运行效率，为参与主体进行决策提供依据

通过实现具有担保功能的众创平台融资系统的高效运行，为融资系统中参与主体进行决策提供科学依据，进而实现融资系统中参与主体的有效激励，本书设计具有担保功能的众创平台融资系统的动态激励契约。具体而言，考虑众创平台不同类型的过度自信表现，构建异质情景下具有担保功能的众创平台融资系统的动态激励契约模型，探讨异质情景下众创平台双重过度自信特征对融资系统中参与主体行为决策及众创平台过度自信成本的影响机理。

（4）对比异质情景下具有担保功能的众创平台融资系统演化差异，为具有担保功能的众创平台融资系统提供切实可行的管理提升策略

为能够向具有担保功能的众创平台融资系统中的各方参与主体提供切实可行

的管理提升策略，进而缓解代理冲突，规避众创平台融资系统中各方参与主体的道德风险行为，实现具有担保功能的众创平台融资系统的高效运行。本书通过分析传统平台融资系统的结构及运行机制缺陷，探究异质情景下具有担保功能的众创平台融资系统的演化机理和动态激励契约设计问题，结合现实情景，为众创平台以及政府参与具有担保功能的众创平台融资系统治理提供针对性的管理策略。

1.3.2 研究意义

（1）理论意义

通过对传统平台融资系统的运行机制进行剖析，发现了"领投+跟投"融资模式的运行机制存在缺陷，在此基础上，结合不断有网贷机构向担保投资机构转型这一发展趋势，梳理了具有担保功能的众创平台融资系统运行过程中的委托代理关系和代理冲突，剖析了具有担保功能的众创平台融资系统的运行机制，通过研究具有担保功能的众创平台融资系统的演化机理、设计具有担保功能的众创平台融资系统的动态激励契约，进一步为具有担保功能的众创平台融资系统的发展提供了策略启示。具体而言：

1）分析了具有担保功能的众创平台融资系统的运行机制，设计并引入了奖惩、转移支付、双向激励等机制。

通过分析具有担保功能的众创平台融资系统运行机制，一方面可以为探讨融资系统中参与主体间的行为关系提供指导，进而为规制参与主体间的道德风险行为提供助力；另一方面可以为融资系统动态激励契约设计奠定基础。奖惩、转移支付、双向激励等机制的引入，优化了具有担保功能的众创平台融资系统运行机制。

2）探究了异质情景下具有担保功能的众创平台融资系统的演化机理，揭示了影响融资系统中参与主体间策略行为演化稳定性的关键因素，为激励契约设计奠定了基础。

本书通过分析异质情景下具有担保功能的众创平台融资系统在运行过程中参与主体间的行为策略关系，结合系统管理理论，构建了异质情景下具有担保功能的众创平台融资系统的动态演化博弈模型，并将参与主体初始意愿引入模型设计，进而探究了异质情景下具有担保功能的众创平台融资系统的演化规律，揭示、提取了众创平台融资系统中参与主体间策略行为演化稳定的关键因素。

3）设计并分析了具有担保功能的众创平台融资系统动态激励契约，探究了掌握信息优势的众创平台双重过度自信对参与主体决策的影响机理。

为实现异质情景下具有担保功能的众创平台融资系统的有效激励，提升异质情景下具有担保功能的众创平台融资系统运行效率，为系统中各方参与主体进行决策提供科学依据，本书构建并分析了异质情景下具有担保功能的众创平台融资系统动态激励契约模型，将掌握信息优势的众创平台双重过度自信特征引入模型设计，探究了众创平台双重过度自信特征对系统中参与主体行为决策及众创平台过度自信成本的影响机理。

（2）现实意义

在数理模型分析和现实情景结合的基础上，为政府参与具有担保功能的众创平台融资系统治理提供了理论支撑和规制的落脚点；在以众创平台运营为核心、政府规制为支撑的治理体系下，研究了具有担保功能的众创平台融资系统的运营策略以及政府规制策略对其演化的影响机理；通过对具有担保功能的众创平台融资系统中参与主体间的策略行为关系与演化进行研究，构建了具有担保功能的众创平台融资系统动态激励契约模型，对探讨众创平台和政府应当如何更好地推动大众创业、万众创新具有十分重要的实践意义。具体而言：

1）为众创平台提供切实可行的运营策略。

通过对具有担保功能的众创平台融资系统演化和动态激励契约设计问题进行研究，不仅有助于提升系统融资过程中健康的融资氛围，提高大众投资者资金安全性、投资积极性，也有助于防范担保投资机构的道德风险问题，进一步增强众创平台在具有担保功能的众创平台融资系统中的主导作用。奖惩机制、转移支付机制、双向激励机制等机制的设计和引入，在一定限度上丰富了政府和众创平台在引导融资系统发展时可使用的策略工具。在此基础上，发现市场机制下众创平台主导的具有担保功能的众创平台融资系统自由发展的弊端及政府规制的必要性。

2）为政府规制系统发展风险，提升协同治理效力，提供科学的治理策略。

通过对具有担保功能的众创平台融资系统运行与演化过程进行研究，为政府规制策略的实施提供优先级，便于政府在有限的财政资源条件下，将财政的利用效率最大化，为政府规制具有担保功能的众创平台融资系统在运行过程中可能存在的道德风险问题提供理论依据，以防范网贷平台爆雷等恶性事件或社会资源浪费问题的发生；同时，探究异质委托过程中政府应当如何引导金融投资者和众创平台服务于"双创"战略，进而为政府制定针对性的规制策略提供理论基础和技术支撑。

1.4　研究现状

为剖析具有担保功能的众创平台融资系统运行机制，探究具有担保功能的众创平台融资系统演化与动态激励问题，本书从双创主体直接融资，众创平台融资模式，融资系统演化、契约设计及委托代理问题，融资系统运行与政府治理四个方面进行综述和评析，以期厘清具有担保功能的众创平台融资系统的现有研究脉络和进展，定位本书的研究切入点。

1.4.1　双创主体直接融资的相关研究

融资难、融资贵、风险高等问题已成为制约中小微企业发展和双创主体开展众创活动的重要因素，因此，应对融资难、融资贵、风险大等问题在双创主体开展众创活动中显得尤为重要。针对中小微企业在创业初期遇到的融资难问题，学者除了从中小微企业自身进行了研究，还主要对中小微企业的融资渠道以及融资环境等问题展开了研究。金银亮通过对美国中小微企业融资现状进行分析，认为股权、债券融资、商业银行贷款这三种融资渠道筹集的资金占融资总额的七成以上[1]。乔治·多利奥特等认为，风险投资即为创业投资[2]。在小微企业融资难、融资贵、风险大等问题仍然突出的背景下，创业投资基金已经成为许多创新型小微企业的重要资金来源①。陆羽中等（2020）通过热点研究与趋势的可视化分析发现[3]，2004 年至今，对于"创业企业"的研究持续时间最长，反映出国际创业投资研究主要集中于被投资企业，而近年来研究的焦点更是集中于创业投资对于创业企业绩效、创新等方面的影响。Tian 等、Krishnan 等、Nahata 研究了风险投资机构投资对被投资企业绩效的影响，并验证了具有良好声誉的风险投资机构对被投资企业 IPO 的促进作用[4-6]；Faria 和 Barbosa、Hirukawa 和 Ueda、Parris 和 Demirel 研究了风险投资与企业创新间的关联关系[7-9]，但他们的研究结论并

---

① 资料来源：《国务院关于促进创业投资持续健康发展的若干意见》。

不统一，部分学者验证了"先创投后创新"的假说，也有学者验证了"先创新后创投"的假说[10]。魏喜武和陈德棉认为，创业风险投资在中小微企业融资总额中的占比较低，且短期投资占比较高，导致了创业风险投资机构和创业企业过于追求短期利益，致使创业风险投资机构和创业企业之间的信任缺失，不利于中小微企业的长远发展[11]。创业风险投资是一种风险高的商业性投资活动，而中小微企业的创业资本规模偏小，融资渠道单一，市场化程度低，市场风险得不到有效分散；同时中小微企业在融资过程中处于相对劣势地位，创业风险投资容易产生大股东操控问题，不能解决内部人控制问题，道德风险高度集中，加大了融资风险。此外，政府对支持创业风险投资中小微企业的提法都比较笼统，缺乏明确且清晰的指导意见，虽然鼓励创业风险投资的相关税收优惠政策已公布实施，但偏重于事后奖励支持，不注重事先的导向性支持。针对上述部分问题，牛华伟和顾铭构建了基于道德风险的天使投资最优融资合约，推导得到天使投资最优股权分配比例与最优融资规模的线性表达式，发现良好的创业经历与能力，能够帮助创业企业家获取较高的融资额度，但会降低其股权分配比例[12]；冯冰等研究了政府引导创业风险投资对创业企业后续融资的影响机制，发现政府引导并不能直接促进创业风险投资机构为创业企业提供后续融资，但是当政府通过向私人资本提供收益类补偿时，可以促使创业风险投资机构为创业企业提供后续融资[13]。

1.4.2　众创平台融资模式的相关研究

为了推动以众创平台为依托的融资系统（众创平台融资系统）为投融资主体提供高效的双边服务，首先需要对众创平台融资系统的融资模式进行梳理分析。

（1）传统平台融资模式

传统平台融资模式通过平台引入风险资本、信托基金，以实现对双创主体的投资活动。

其中，在融资平台引入风险资本的过程中，融资平台在投资主体和双创主体间往往起到的是牵线搭桥的作用。风险投资主要通过四种方式支持初创企业发展：首先，为初创企业提供资本支持、缓解企业融资约束[14-16]。其次，为初创企业提供政府资源、社会网络等支持[17,18]。再次，通过输出管理经验、参与公司治理，实现企业价值增值[19,20]；并且通过引入研发人才、加大研发投入、提高创新投入等方式，有效驱动企业创新[21-24]。最后，发挥"声誉"效应，为企业 IPO 提供直接支持[25,26]。赵静梅等发现，风险投资具有显著的声誉效应，高声誉的风险投资对生产效率表现出"助力"的作用[27]，低声誉的风险投资表现出"阻力"的作用，但由于资本支持对于双创主体的双创初期活动至关重要。因此，众创平台在系统融资过程中，有必要提升融资能力和双创服务能力，以实现大众投资对双创主体的双创活动的正向支持。

而在融资平台引入信托基金的过程中，由于国外早期信托基金主要应用于房地产等领域，因此，学者主要从政策制度、市场环境等方面探析了信托基金在中国发展的可行性，并提出具体的对策建议。近年来，随着中国信托基金的发展，学者对国内相关研究的不断深入，研究内容偏向信托基金与细分行业的结合以及案例的分析。总体而言，按照内容分类，主要可分为以下三个子类：一是对中国信托基金的可行性研究；二是运作模式的研究；三是信托基金的细分领域研究。关于信托基金可行性研究，向永泉从新制度经济学的角度对信托基金展开研究，探讨中国当前信托基金发展的可行性，论述信托基金对我国商业地产发展的意义和作用，提出中国信托基金推广的构想和建议[28]。关于信托基金运作模式研究，范寅根据收入来源对信托基金进行分类，提出抵押型信托基金风险较低，应得到优先发展，之后再逐步发展权益型信托基金和混合型信托基金[29]。龙胜平提出外部顾问管理型信托基金存在"道德风险"和"逆向选择"问题，容易引发自我交易、关联交易、费用转移等行为，而伞形基金可以有效解决收益性资产的证券化问题[30]。

（2）依托互联网的众创平台融资模式

双创主体的众创融资具有单笔小、总量大的特点，而创业风险投资机构及信托基金所能提供的创业资本总是有限的，且创业风险投资机构及信托基金在项目筛选过程中门槛较高，致使众多的双创主体无法获得创新创业过程中的第一笔资金；依托互联网的融资渠道为小而多的双创主体融资提供了途径。谢平和邹传伟首次提出了互联网金融这一本土化概念[31]，互联网金融的衍生和发展为双创主体高效融资提供了切实可行的路径，其中，以股权众筹为代表的互联网金融模式较为成功。股权众筹（Equity-Based Crowdfunding，EC）是众多众筹活动中的一种特殊形式，它的存在使大众创客、初创企业等可以借助互联网平台，通过向普通大众投资者让渡股权快速地获得他们所急需的创业发展资金。Ahlers 等、Belleflamme 等分别对股权众筹和众筹的含义进行了阐述[32,33]，部分学者将"领投+跟投"模式与一般投资模式进行了对比，分析了二者运作流程的差异。李倩和王璐瑶通过建立 Logit 回归模型度量两种融资模式的融资结果，认为"领投+跟投"模式更易融资成功[34]。夏恩君等进一步基于自我决定理论研究了职业投资者"领投"金额在股权众筹中的作用[35]。钱颖和朱莎通过分析 OLS 模型指出[36]，股权众筹过程存在"羊群效应"，职业投资者经验越丰富、能力越强，羊群效应的正向影响效果越显著，项目的融资成功率和项目成功率越高。随着"大众创业、万众创新"战略的不断推进，股权众筹行业正面临前所未有的发展机遇，其价值与意义理应得到进一步彰显。然而，与普遍预期所不同的是，股权众筹的发展现在已进入瓶颈期，从国家互联网金融安全技术专家委员会披露的数据中可以发现，股权众筹平台的淘汰率高达 66%，股权众筹平台存活率较低，股权众筹行业在发展过程中暴露出了相当多的问题。从"简书""创业邦""未央网"等主流媒体平台曝光的新闻就可以发现，互联网股权众筹过程中，职业投资者（Professional Investor，PI）和普通大众投资者（Ordinary Investor，OI）在掌握的信息方面存在巨大的质量差距。职业投资者攫取普通投资者权益、职业投资者未能履行应尽职务、创业企业不履约等问题频频出现，股权众筹行业发展一片混乱，大众投资者的合法权益无法得到有效保障，这导致越来越多的大众投资者对股权众筹的前景持谨慎态度。针对股权众筹等网络金融当前存在的问题，赵尧和鲁篱指出了股权众筹系统运行过程中"领投+跟投"模式存在的委托代理问题[37]，认为领投人是跟投人的被委托方，领投人通过实物出资、依托经验标准等，赢得跟投人信任是实现成功融资的有效途径。为此，李森等提出对职业投资者进行打分评级的建议[38]。股权众筹平台在股权众筹活动中扮演着重要的角色。股权众筹平台既是众筹服务的提供者[39]，也是众筹活动的监管者[40]。但是，杨硕通过对比研究中外股权众筹的实际运营模式，发现我国股权众筹平台普遍存在治理缺位现象[41]。

（3）担保融资模式与众创平台融资

虽然依托互联网的融资途径在一定程度上缓解了双创主体融资难的问题，且伴随着"领投+跟投"模式的引入为大众投资者投资提供了指导，然而，当下互联网融资过程中，领投人向跟投人提供担保，往往体现在声誉的担保方面，缺乏实质上的物质担保，致使当跟投人因初创企业违规蒙受巨大损失时，跟投人的投资无法得到有效的保障。因此，完善担保融资模式，将为规避融资风险、建立信用体系提供有力保障。担保融资一般是指担保人为被担保人向受益人融资提供的本息偿还担保，现已成为企业融资的普遍现象，被广泛应用于知识产权融资、供应链融资、创业融资等诸多领域。担保融资模式为中小创企业和个人快速获得融资，并降低借贷双方间信息不对称问题提供了切实可行的路径。刘冀对农村基金型担保融资模式进行了研究，该模式的运作基础是融资群体的相互担保，他发现，农村基金型担保融资模式运行过程存在担保机制不健全和管理不规范等问题所导致的风险集中、社区信息优势限制规模扩大的现象，但不可否认的是，担保融资模式为农村小额信贷降低直接交易成本、信息搜集和监管成本，以及提升信贷质量提供了渠道[42]；王玉冬和田红燕从融资群体角度研究了业务流程再造联盟担保融资模式，认为联盟担保融资需建立准入机制，从而提升融资企业的资产质量[43]。此后，学者多从融资群体角度扩展了担保融资研究范畴。范晓宇基于 Grossman 和 Hart、Hart 和 Moore 等[44,45] 所建立的不完全契约理论，对知识产权担保融资问题进行了研究，认为由于知识产权担保融资过程中存在融资的收益性和安全性问题，所以知识产权担保融资契约构建过程中存在契约不完全性[46]；聂洪涛对知识产权担保融资中的政府角色问题进行了研究，认为解决知识产权担保融资风险，需要政府介入，填补制度漏洞和契约不完全性可能导致的风险，同时认为政府应为知识产权担保融资提供政策支持[47]；王明征等构建了寄销供应链的信用担保融资协调模型，为解决寄销供应链融资问题提供了管理启示，但未能讨论担保融资契约的不完全性问题[48]。传染效应[49] 加速了爆雷平台的挤兑问题，在政府政策的引导下，多数掌握投资主体信息且拥有自有资本的网贷平台（抑或职业投资机构）纷纷向担保融资机构转型，这为众创平台快速实现与投资主体的衔接提供了契机。但是以往的担保融资研究多是针对融资群体间的担保融资问题，而在众创平台主导、担保融资机构提供信用担保、大众投资者提供主要资金来源的具有担保功能的众创平台融资系统中，职业投资者在向大众投资者提供投融资报告的过程中，向融资方（众创平台）提供了信用担保（而非实物担保）。因此，为实现具有担保功能的众创平台融资模式的高效率运行，应尽快对具有担保功能的众创平台融资运作模式、潜在风险以及不完全契约问题进行研究。

1.4.3 融资系统演化、契约设计及委托代理问题的相关研究

（1）融资系统演化的相关研究

探究融资系统演化机理有助于提升融资系统运行的稳健性，可以为引导融资系统向健康可持续的方向发展奠定基础。2014 年《政府工作报告》指出"促进互联网金融健康发展"。Emanuele 研究发现，对资金需求较高的初创企业难以获得有效的银行资本供给，互联网金融的出现在一定程度上突破了时空限制，大大降低了投融资搜寻成本，可有效实现对初创企业的资本供给[50]。当前，我国互联网金融主要应用于移动支付、网络助贷、众筹融资等领域。其中，网络助贷模式、众筹融资模式在我国投融资活动中仍扮演着重要的角色。

传统融资平台抽成式盈利模式降低了融资平台在融资过程中的核心作用，给系统融资埋下了隐患，虽然在以众创平台为核心的融资系统中众创平台积极参与了投融资过程，加强了系统运行的风险监管，在一定程度上规避了风险的发生，然而，以众创平台为核心的融资系统仍然存在向风险方向演化的可能。吴佳哲对互联网金融中的融资问题进行分析，认为项目发起方较低的违约成本和普通投资者难以凭借自身知识及网络信息评估风险，是互联网融资过程中滋生风险的重要因素[51]；周灿对众筹等融资模式中的投融资活动进行剖析，认为投资者的投资活动存在"锚定效应"[52]；周勤等针对投融资过程中存在的锚定问题，构建了项目发起方与投资者间的演化博弈模型，发现随着平台中融资项目数量的增加，投资者的投资活动将逐渐回归理性，锚定效应将降低[53]。为了响应普惠金融的号召和快速拓展业务，国内股权众筹市场对投融资双方设置的进入门槛普遍较低，因此，为了缓解互联网融资过程中的不确定性风险，互联网融资过程中普遍引入了"领投+跟投"这一机制[54]；方兴认为，"领投+跟投"机制的引入，提升了融资效率，且领投人投资金额越大，融资效率越高[55]。

在资本市场不完善的大背景下，"领投+跟投"模式的优势在于分散了投资风险、降低了对跟投人资历的要求，提升了融资效率，然而，缺乏信任的"领投+跟投"活动已成为制约平台融资系统发展的障碍。Merton 系统地阐述了信用担保系统的运行规律，认为信用担保缓解了投融资主体间的道德风险问题，有利于提升资源配置效率[56]；Pham 认为，信任能够更好地提升中小企业融资效率[57]；杜军等以京东供应链金融为例，探究了互联网金融的盈利模式演化及实

现路径，认为发展需要驱动了服务设计的不断优化，盈利模式将沿着平台辅助到平台主导的方向演变[58]。针对信用担保问题，Barro[59] 及 Chan 和 George[60] 提出了信贷交易成本担保理论，Stiglitz 和 Weiss[61]、Meza 和 Webb[62] 提出了信用担保过程中的逆向选择与道德风险担保理论，Udell 等提出了关系担保理论[63]。文学舟等研究了信用担保对银企信任机制的形成与演化的影响，发现信用担保提升了中小微企业的声誉，进而增加了银企信任度[64]。车泰根等针对小额贷款公司的运行机制进行了研究，认为小额贷款公司应经营担保贷款[65]，这或许可以解释为什么越来越多的中小投资机构转型为担保机构，以分散投资风险。但是，在信任机制尚未健全的今天，若出现领投人和融资方串通欺诈的情况，且担保体系中缺乏有效的约束机制，跟投人的合法权益就难以得到保障。李小莉和辛玉红对一般信贷融资和供应链融资进行对比分析发现，在一般信贷融资过程中，若缺乏有效的担保约束，一般信贷市场将无法得到稳定的发展[66]。除领投方外，具有担保功能的众创平台融资系统在运行过程中，可以将众创平台看作双创项目的融资方，因此，亦可视作众创平台为双创项目提供了融资担保，而领投者的参与，形成了双创项目的再次实际担保，这与学界提出的再担保体系较为相似。马国建和张冬华针对中小企业信用担保问题进行研究，发现提升代偿率是提高现阶段再担保体系经济效益的首选因素[67]；汪辉等对担保机构与再担保机构间的演化博弈问题进行分析发现，随着代偿率的提高，二者的风险分担比例将降低，此时系统的稳定需要政府补贴干预方能实现[68]。

平台融资系统运行模式的不断改进和运行机制的不断优化虽然在一定程度上可以规避参与主体道德风险问题，然而却不能完全抑制参与主体机会主义动机导致的道德风险行为。随着金融的不断创新，新的金融业态和经营方式不断涌现，给我国互联网金融的健康发展带来了严峻挑战。谢平和邹传伟对互联网金融监管的必要性进行了分析，认为互联网金融绝不能采取自由放任的监管理念[33]；周四清和郭琴[69]、刘伟等[70] 对互联网金融平台同金融监管部门的博弈行为进行了分析，构建了互联网金融平台同金融监管部门的动态博弈演化模型；车泰根等将融资方因素考虑进模型设计，构建了政府规制下投融资演化博弈模型，发现健全征信体系可有效提高投融资成功率，提升政府规制效率[71]。

（2）融资系统契约设计的相关研究

融资系统演化研究可以揭示影响融资系统演化稳定性的关键因素，在此基础上，通过契约设计可以进一步保障系统运行的稳定性，提升系统的运行效率。因此，有必要对契约理论的发展以及契约理论与融资的相关研究进行梳理，进而为具有担保功能的众创平台融资系统动态激励问题研究提供支持。

1）契约理论发展。

契约设计的核心在于如何调动契约中各方参与主体的积极性，提升系统运行效率，逆向递归方法和动态规划方法的推广为解决契约设计问题提供了工具，推动了契约理论的发展。Diamond[72] 和 Scharfstein[73] 就完全信息情景下契约理论中的静态契约订立、个体决策及利益分配问题进行了研究。但是，随着学者对契约理论研究的不断深入，发现参与主体的有限理性及现实中未来可能发生的事，无法尽皆写入合同。因此，契约设计能否实现契约的事后有效执行问题逐渐被重视，不完全契约理论形成、发展并取得了长足的进步[74]。近年来，在 Abreu 等[75]、Green[76]、Phelan 和 Townsend[77] 等学者开创推广的逆向递归方法和动态规划方法启发下，动态契约理论得以快速发展，为本书的投融资动态激励问题研究奠定了基础。契约理论被广泛地应用于社会经济活动中的各个领域，Hart 将金融契约定义为资金提供者与资金需求者之间采取何种交易规则的工具[78]。仇荣国和孔玉生对小微企业信贷融资问题进行演化分析，发现小微企业还款行为受到期望收益同平均收益间关系的影响，这显然违背了契约精神，不利于信贷体系的健康发展[79]。众创平台作为项目方的代理融资人，代为向投资者进行融资；而职业投资者（领投人）作为大众投资者（跟投人）的代理人，对拟融资项目进行审查，率先进行投资。但是在具有担保功能的众创平台融资系统运行过程中，职业投资者存在伙同融资方违规融资的道德风险问题，众创平台亦存在违规挪用资本、不履行项目孵化职能的道德风险问题，这便产生了系统中的信用风险问题。

2）契约理论与融资。

众创平台融资系统发展过程中存在参与主体的道德风险问题，运行机制的不断健全虽然为规制参与主体道德风险问题提供了途径，然而，融资系统的高效运行需要有效的激励和约束，契约理论的发展为有效调动融资系统中各方参与主体的积极性提供了工具。因此，众创平台融资系统的健康发展需要契约的激励和约束。Rin 等发现，有关职业投资者（领投）和大众投资者（跟投）间的契约关系和声誉机制研究已经成为学界的新热点[80]。王倩和邵华璐[81]、刘克宁和宋华明[82]从委托代理理论出发，发现投融资过程中存在明显的信息不对称问题，导致了逆向选择和道德风险问题；Hart 和 Moore 认为，信息不对称以及契约的不完备制约了小微企业的有效融资[83]；国内外学者亦普遍认为，契约合同的有效执行是防范融资风险，推动信用体系建设的有力保障[84,85]。相较于传统的一对一风投问题，联合投资可以有效控制投融资风险。Sah 和 Stiglitz 通过模型证明了在层次组织中，联合投资决策显著优于传统的一对一投资决策[86]；Admati 和 Pfleiderer 发现，优势投资主体（领投）和一般投资主体（跟投）在联合投资决策过程中，固定的权益比率可有效提升一般投资主体的投资信心[87]；在优势投资主体对项目缺乏全面了解的情形下，Casamatta 对优势投资主体和一般投资主体间的契约安排进行了研究[88]；张新立和杨德礼分析了在信息对称和信息不对称两种情景下，优势投资主体职业能力对联合投资契约的影响，发现信息对称情景下，优势投资主体倾向于和有经验的投资主体进行联合投资，实现强强联合，而在信息不对称情景下，优势投资主体倾向于和没有经验的投资主体进行联合投资[89]。岳意定和王远方基于激励理论，梳理出了互联网金融监管过程中的两类委托代理关系：一是投资者对金融平台的委托代理关系；二是投资者对金融监管机构的委托代理关系[90]。丁川和李爱民聚焦融资主体目标异质问题，研究了投融资过程中的融资主体激励问题[91]；薛力和郭菊娥构建了包含风险投资者、风险投资家和风险企业家三方的委托代理模型，探究了模型中风险投资家的激励问题[92]；郭菊娥和熊洁构建了创业企业和领投人、跟投人的三方委托代理模型，并给出了三者的参与条件与激励约束[93]。时下，为了缓解投融资过程中的互不信任问题，担保金融在提高投融资效率的过程中扮演着越来越重要的角色。曾光辉认为，担保为资本方向融资方借款提供了保险[94]；杨大楷和韩其成认为，担保虽增加了投融资流程，但降低了投融资实际交易费用[95]；徐鹏聚焦 B2B 担保授信过程中的道德风险问题，运用委托代理理论研究了银行与 B2B 平台间的激励契约问题[96]；王明征等对单个供应商和单个零售商间的信用担保融资问题进行了研究，并给出了系统风险和收益的协调机制[48]。在 Stiglitz 提出的合谋问题基础上[97]，马松等研究认为我国银企间金融担保过程中亦存在合谋问题[98]。担保机构同融资方的合谋行为严重损害了投资者利益，因此，有必要就金融担保问题及规制问题进行研究。然而，担保金融的相关研究主要集中于担保模式理论及法律保障层面，却较少涉及担保融资系统的契约设计层面。

（3）系统融资与委托代理

1976 年，Jensen 和 Mecking 联合撰写了《企业理论：经理行为、代理成本和所有权结构》一书，标志着委托代理问题的正式提出。委托代理又可称为意定代理或任意代理，是指代理人的代理权根据被代理人的委托授权行为而产生。委托代理理论是信息经济学领域的重要理论，是为了解决非对称信息条件下委托人如何通过制定合理的契约来奖惩代理人，以激励代理人选择对委托人最为有利行动的理论。Mirrlees 和 Holmstrom 等首先提出了经典的委托代理模型，利用模型求得的一阶条件来代替代理人的激励相容约束，通过构造拉格朗日函数，可以得到著名的 Mirrlees-Holmstrom 条件[99]，但该方法所得模型解无法保证是最优解。在此基础上，Hoknstrom 和 Milgrom 提出了一个适当简化的参数化方法来求解基本模型，成为研究委托代理关系的基准模型[100]。

由融资系统演化及契约设计的相关文献梳理可以发现，学者普遍从委托代理视角分析了融资系统的演化和契约设计问题，表明委托代理理论是刻画融资系统演化和契约设计问题的有效工具。因此，为了给具有担保功能的众创平台融资系统演化及契约设计研究工作提供有力支撑，有必要进一步深化系统融资与委托代理方面的相关文献梳理工作。当前，国内外学者普遍认为众创平台融资过程中存在委托代理关系，并主要针对企业直接融资和平台间接融资过程中存在的委托代理关系来开展研究，亦有学者探讨了参与主体过度自信对融资过程中委托代理关系的影响。

1）企业直接融资过程中的委托代理问题研究。

企业融资过程中势必涉及参与主体间的利益相关关系，也必然会导致参与主体间的委托代理冲突，这是引发企业融资风险的关键，因此，探究企业融资过程中存在的委托代理问题成为解决企业融资风险的重要基础。

首先，学者最先探究了经典的委托代理问题——第一类委托代理问题和第二类委托代理问题。Myers 和 Majluf[101]、Fazzari 等[102]、Kaplan 和 Zingales[103] 研究认为，融资参与主体间的信息不对称和代理冲突是致使企业融资约束的两大原因。在所有权与控制权相分离的情景下，企业控制人存在为了谋取个人私利而攫取投资主体利益的动机，导致了代理成本的产生[104]。Sahlman 将第一类委托代理问题和第二类委托代理问题引入企业融资过程进行分析，认为普通投资者和职业投资者间构成了第一类委托代理关系，而职业投资者和融资企业间构成了第二类委托代理关系[105]。就融资过程的第一类委托代理关系，Kandel 等研究认为，职业投资者的信息优势是造成损害普通投资者利益损失风险的原因[106]；Chakraborty 和 Ewens（2017）研究认为，职业投资者存在延迟发布融资负面信息的动机，直至融资成功后[107]。就融资过程的第二类委托代理关系，Amit 等认为职业投资者过高的持股比例将会降低融资企业的努力水平，并认为分阶段投资有利于约束融资企业的机会主义动机[108]；Wang 和 Zhou 发现除分阶段投资机制外，投融资契约的合理性对委托代理关系亦会产生影响，认为合理的契约设计亦有利于约束融资企业的机会主义动机[109]；Bernstein 等认为，投资合约形成了职业投资者和融资企业间的互动，是缓解融资过程中委托代理冲突的主要方法[110]。

其次，为解决多重、多任务委托等问题，学者在传统委托代理问题研究的基础上，拓展研究了多重、多任务委托及异质委托问题。Holmstrom 在委托代理基准模型基础上，研究了多任务委托代理模型[111]。多任务委托代理模型假设委托方的多任务需要统一代理人承担或代理人需同时在多个维度上处理代理人交代的任务。Gibbons 在多任务委托代理模型的基础上研究发现，对代理人效用测度标准的不一致会影响代理人的努力水平[112]；夏轶群和梁冉利用多任务委托代理模型，研究了科技型中小企业融资中的信用风险分担问题[113]。在多任务委托代理模型的基础上，演化发展出了多委托人对代理人的异质委托代理模型[114,115]及单一委托人对单一代理人的多重委托代理模型[116]。付桂存研究发现，在中小企业融资过程中，相关参与主体间效用函数的不一致，必然会导致利益冲突，存在多任务、多重、异质委托代理问题[117]。但是，该学者仅对中小企业融资过程中的相关委托代理问题进行了阐述，但未就相关问题继续深入分析。

最后，为解决多层委托问题，亦有学者在传统委托代理问题研究的基础上，拓展研究了双层乃至多层委托代理问题。Casamatta 构建了普通投资主体、专业投资机构及创业企业融资中的三方委托代理模型，并设计了多方投资合约[88]；薛力和郭菊娥首次构建了包含普通投资主体、专业投资机构及创业企业三方的双层委托代理模型，对比研究了不同融资模式下三方参与约束及融资模式对职业投资机构投资策略的影响[92]。当下，关于双向委托的研究较少，部分学者将双向委托等同于多重、异质委托[118]，然而，鲜有学者对职业投资者同众创平台间的双向委托关系进行研究。

2）平台间接融资过程中的委托代理问题研究。

企业直接融资劣势让人们不得不探寻平台融资渠道，虽然平台融资降低了投融资主体的搜寻成本，提升了融资效率，然而平台融资过程中仍然存在巨大的风险，且随着链条的增长，投融资主体间信息可靠性问题被放大，这致使平台融资过程中的委托代理冲突更加显著。陈其安等发现国外鲜有学者对政府参与众创平台融资过程进行研究[119]，由于创业平台融资在一定程度上属于公共企业融资问题，因此，他们梳理了国外公共企业治理方面的文献，为我国政府参与众创平台融资过程提供了借鉴意义。其中，Grosse 和 Reichard 认为，涉及公共企业治理系统的关键在于厘清相关参与主体间的利益关系[120]；Salas 研究认为，政府包办和政府所有制降低了公共企业的活力和治理水平[121]；Nguyen 和 Van 发现，政府过度参与公共企业治理容易滋生政府腐败，且政府腐败对公共企业承担公益性项目建设具有严重的负面作用[122]。不同于国外国情，国内学者近年来对政府参与众创平台融资过程进行了大量研究。王晓曦认为，政府应努力促使众创平台成为独立行使民事权利和承担经营风险的市场主体，减少政府对众创平台运作的过度干预[123]；进一步地，政府还需促使众创平台转化成为面向市场投融资的企业法人，提升融资渠道的多元化。吴凡等提出，众创平台作为国有投资的主要承载者，作为唯一股东或控股股东的地方政府应清醒地认识到众创平台的企业属性，对不同类型国有投资进行分级管控和分类管理[124]。陈其安等基于委托代理理论，构建了政府与众创平台间的委托代理模型，探究了政府对众创平台的最优激励策略[121]。张洁梅等基于利益相关者视角，剖析了众创平台风险的生成原因与传导路径，研究发现，政府主导以及相关利益主体的共同参与配合，是实现众创平台风险有效控制的关键[125]。严宝玉等对政府下属的众创平台市场化转型运作问题进行了研究，他们发现众创平台的市场化转型初衷是好的，但时下众创平台市场化运作过程中却衍生出了政府和众创平台的目标异质性问题[126]。

3）参与主体过度自信与委托代理问题研究。

参与主体非理性已成为影响决策者决策的重要因素，因此，在委托代理理论的基础上，越来越多的学者开始关注企业融资过程中的管理者过度自信问题。过度自信一词来源于20世纪60年代的心理学研究成果，并于20世纪70年代被广泛关注。Weinstein 研究发现，过度自信主体往往会低估项目失败的可能性[127]；杨隽萍等研究发现，过度自信会对决策主体的认知过程造成影响[128]。在此基础上，Soll 和 Klayman 将过度自信定义为决策主体过高估计自身所掌握信息的准确度[129]；Clayson 将过度自信定义为决策主体过高估计自身所拥有的能力[130]；Glaser 和 Weber 将过度自信定义为决策主体过高估计自己相对他人的能力[131]。Malmendier 和 Tate[132]、余明桂等[133]、张艾莲等[134] 研究了过度自信对企业管理者融资模式的影响；徐鹏则基于委托代理理论研究了过度自信对银行与众创平台间激励契约的影响[96]。

1.4.4 融资系统运行与政府治理的相关研究

政府在参与具有担保功能的众创平台融资活动时，往往充当着较为复杂的角色。一方面，政府参与具有担保功能的众创平台融资系统的资源整合、创业服务等环节；另一方面，政府通过财税减免、补贴，以及惩罚违规等方式规范引导具有担保功能的众创平台融资系统的发展。徐示波对 2015 年以来 159 项众创平台政策文本进行量化研究，将政府的众创平台政策划分为自由放任型、部分参与型、策略引导型、政府主导型 4 种政策类型和 17 种具体政策工具，提出了政府在参与众创平台发展过程中可能存在的问题[135]。

（1）具有担保功能的众创平台融资系统中政府定位的相关研究

政府定位在融资系统发展过程中具有重要的影响，西方主流的经济学家一直秉持市场自由主义的经济学传统观点，认为政府在整个社会实践中不应该过多干预，而应该致力于对整个市场的培育和保护，这也就衍生出了政府对于企业的基本态度，决定了西方国家的经济制度类型和运行效率等。国外研究中，主流经济学家认为，创业生态系统中的政府定位，应该是为创业企业提供服务以及与创业企业进行协同创业。部分学者在创业体系研究过程中发现，一些政府干预较少且缺乏正式机构的欠发达国家和转型期的经济体更能孵化出具有创业意义的创业企业[136,137]，Zhou 以发展中国家为例证实了此观点[138]。然而，亦有部分学者通过研究创业生态系统中的政府组织架构发现，正式的机构组织架构能够有效地开展创业活动和支持创业企业的发展[139-141]。

（2）具有担保功能的众创平台融资系统中政府资源整合的相关研究

为提升双创主体竞争力和众创空间影响力，众创平台作为融资系统的核心不仅为双创主体提供融资服务，而且为双创主体提供创业孵化、创业学习等资源整合服务，政府在融资系统资源整合过程中扮演着重要的角色。刘畅和李兆友通过对我国创业公共服务体系进行研究发现，强大的体制机制惯性、创业融资供给不足、众创平台建设落后、创业培训流于形式等问题严重制约了创业活动的脚步。针对创业领域的突出问题，需要不断增加公共产品和公共服务，逐步构建完善的创业公共服务体系，保证"大众创业、万众创新"新引擎的进程和效果[142]。基于"政府—大学—产业"的三螺旋模型：王炜和罗守贵从系统的角度出发，提出三螺旋模型在创新研究领域的应用，用以解释大学、产业、政府三者之间的新关系，并论述了政府规制下创新系统的进化以及大学与产业关系路径的选择[143]；Leydesdorff通过构建该模型的理论系统，描述了政府规制下，在不同阶段、不同创新机构之间的多重互动关系[144]。辜胜阻等针对优化双创生态与实现双创升级问题，提出政府必须构建多主体协同的创业生态系统，发挥大学、科研院所的创新源头供给作用，深化产学研合作；发挥大企业的带动引领作用，推动大中小企业协同创新；构建科学合理、行之有效的人才激励机制，健全股权投资引导机制、强化创新创业的金融支持；推进制度创新，完善知识产权保护制度，优化创新创业环境，构建新型政商关系，营造鼓励创新的文化氛围，实现创业生态系统的资源整合[145]。刘文澜和聂风华通过探析美国大学的产学研成功经验，提出为了推动创业生态系统的发展，政府应整合市场、资本技术等资源，通过捐赠基金和引导社会资本等多种方式，助力初创企业发展；通过以市场拓展和资源链接为核心的创业服务，提升科技成果转化；通过以产业联合研究实验室为载体，推动高校与产业界建立强链接[146]。

1.4.5 研究述评

现有研究对具有担保功能的众创平台融资系统的运行机制、政策规制分析较少，剖析具有担保功能的众创平台融资系统的运行机制，防范系统内参与主体道德风险，提升系统参与主体的积极性，进而提升具有担保功能的众创平台融资系统的稳健性和运行效率，成为具有担保功能的众创平台融资系统发展过程中亟待解决的问题。具体而言：

（1）"担保"停留纸面，亟须剖析具有担保功能的众创平台融资系统运行机制

担保融资模式的引入，虽然有利于提升具有担保功能的众创平台融资系统的资本整合能力，促使担保投资主体为大众投资者提供更加详尽的项目报告，进而有利于规避担保风险，提升了大众投资者对投资安全和盈利能力的信心，但是无效担保问题的不断泛滥对领投方与跟投方间的信任建立造成了巨大打击。学者在

传统金融演化研究的基础上，对股权众筹、网络助贷等网络融资演化问题展开了研究，发现信用担保问题逐渐成为影响融资成败的关键性因素。就当下广泛推广的"领投+跟投"模式，学者发现其担保机制未能发挥应有的作用，致使担保机制形同虚设，引发了一系列领投人伙同融资主体的道德风险问题[147]。因此，建设坚强有力的具有担保功能的众创平台融资系统，就必须进一步厘清系统运行过程中的委托代理问题和信息传导机制，剖析具有担保功能的众创平台融资系统的运行机制。

（2）具有担保功能的众创平台融资系统的稳健性及系统演化机理有待研究

学者在传统金融演化研究的基础上，对股权众筹、网络助贷等网络融资演化问题展开了研究，发现信用担保问题逐渐成为影响融资成败的关键性因素。就互联网金融问题，学者普遍认同政府监管在推动互联网金融发展过程中的积极作用，并研究了政府规制同互联网金融演化的部分问题，如法律层面的担保体系建设[148]、信用体系建立等，但鲜有文献探究"看得见的手"——政府规制和"看不见的手"——市场机制，是如何影响担保金融效率和规避系统中参与主体道德风险问题的。探究具有担保功能的众创平台融资系统的演化机理是掌握众创平台融资系统演化规律的基本措施，亦可提取影响众创平台融资系统稳定性的关键因素。因此，有必要构建异质情景下众创平台融资系统演化博弈模型，刻画参与主体间的委托代理关系，进而分析具有担保功能的众创平台融资系统的演化规律，为提取影响具有担保功能的众创平台融资系统运行稳定性的关键因素，构建具有担保功能的众创平台融资系统的动态不完全契约奠定基础。

（3）具有担保功能的众创平台融资系统运行存在激励不到位问题，需要进一步加强对融资系统动态激励问题的研究

参与主体激励不到位则无法充分调动参与主体的积极性。当前对担保融资契约的相关研究表明，设计具有担保功能的众创平台融资系统的动态激励契约，可以更加真实地刻画具有担保功能的众创平台融资过程，有助于契约合同的事后执行与监督；不完全契约理论和动态金融理论的发展，为本书设计具有担保功能的众创平台融资系统的动态激励契约奠定了理论基础，提供了解决方法，将有助于为参与主体决策提供科学依据和提升具有担保功能的众创平台融资系统的运行效率。

非理性因素对具有担保功能的众创平台融资系统演化和契约设计的影响研究

不完善。由于众创平台融资过程中涉及多主体参与、目标异质、风险规避等一系列问题，而在具有担保功能的众创平台融资过程中更是涉及担保投资机构与大众投资者间的信用担保和投融资服务问题，致使具有担保功能的众创平台融资过程复杂化，这使具有担保功能的众创平台融资系统运行过程中的参与主体非理性问题不可避免。然而，当前关于众创平台融资问题的相关研究，多集中于模式探索和政府金融体系建设层面，缺乏实践应用的相关研究，在具有担保功能的众创平台融资系统方面，更是仅处于市场探索阶段，这致使参与主体非理性因素对具有担保功能的众创平台融资系统运行的影响放大化。因此，为向融资系统中参与主体决策提供科学依据，提高融资系统运行的可靠性，就必须对具有担保功能的众创平台融资过程中参与主体非理性问题进行研究。

（4）不同情景下具有担保功能的众创平台融资系统演化异质性有待深入探讨

为推进大众创业、万众创新战略，我国政府一方面通过直接投资设立国有众创平台以服务于我国中小创企业的创新创业活动，另一方面通过对社会型众创平台给予财政补贴、财税减免等优惠，降低社会型众创平台的运营成本，优化社会型众创平台发展环境。但是，在众创平台融资过程中，虽然政府推出了一系列的鼓励政策，但在现有文献中，鲜有学者研究政府规制和市场机制是如何影响众创平台融资过程的，更鲜有学者针对众创平台融资过程中的担保融资问题进行深入探讨。因此，学界对具有担保功能的众创平台融资过程中的异质情景问题研究滞后于社会实践。考虑到具有担保功能的众创平台融资过程中存在一系列问题，故有必要对具有担保功能的众创平台融资过程中的异质情景问题进行研究。

1.5　研究内容和研究方法

1.5.1　研究内容

本书的研究思路：首先，通过分析当前平台融资系统运行过程中存在的问题，并结合委托代理理论、系统管理理论、利益相关者理论、政府规制理论等理论，建立异质情景下具有担保功能的众创平台融资系统分析框架。其次，剖析具有担保功能的众创平台融资系统的运行机制。再次，为规避具有担保功能的众创平台融资系统运行过程中参与主体的道德风险问题，提取影响系统运行稳定性的关键因素，本书分析具有担保功能的众创平台融资系统中参与主体的策略行为关系，构建众创平台融资系统演化博弈模型，探究众创平台融资系统演化机理；为进一步提升具有担保功能的众创平台融资系统的运行效率，运用动态规划方法并结合传统的博弈理论，本书设计异质情景下具有担保功能的众创平台融资系统的动态激励契约，探究掌握信息优势的众创平台双重过度自信特征对动态激励契约设计的影响机理。最后，对比分析异质情景下具有担保功能的众创平台融资系统的演化结果，为异质情景下具有担保功能的众创平台融资系统提供了切实可行的管理策略。本书的研究思路如图 1.1 所示。

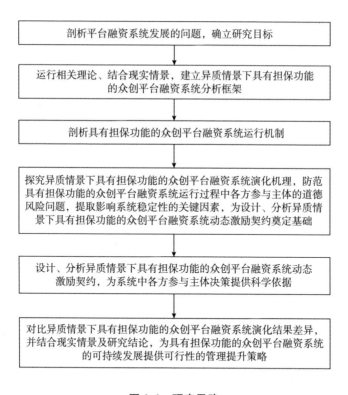

图 1.1 研究思路

具体的研究内容如下：

（1）建立异质情景下具有担保功能的众创平台融资系统分析框架；剖析众创平台融资系统结构与运行机制

在平台融资系统建立初期，多数融资平台通过为投融资双方提供金融信息服务，降低投融资主体的搜索成本，实现平台价值，然而由于投融资双方均缺乏专业的投融资能力，致使交易质量难以得到保障。为解决这一问题，以股权众筹和债权众筹为代表的平台融资系统普遍引入"领投+跟投"融资模式，以期通过担保投资机构为大众投资者提供领投服务来缓解大众投资者缺乏专业投资知识的问题，进而提升大众投资者参与投资的积极性。然而，该模式对担保投资机构的机会主义行为未能形成有效约束，以 P2P 网贷为代表的债权众筹大规模爆雷问题反映出传统的"领投+跟投"融资模式无法有效化解投融资风险，反而会引起大众投资者盲目跟投。为此，有平台改进了"领投+跟投"融资模式，引入了担保机构提供信用担保的担保融资模式。然而，担保机构往往并不参与直接投资，且融资平台抽成式的盈利模式致使担保机构机会主义行为无法得到有效约束，因此，担保机构的担保融资模式仍然存在运行机制的缺陷，部分引入此类模式的 P2P 网贷平台爆雷问题证实了上述论述。此外，除以众创平台为核心的平台融资系统外，传统融资平台普遍仅以抽成的形式参与系统融资，致使投资者无法对双创主体的行为形成有效的控制，这将使投融资交易质量无法得到保障。

基于此，在考虑政府规制和市场机制等异质情景的基础上，本书建立了异质情景下具有担保功能的众创平台融资系统分析框架，剖析了众创平台融资系统运行机制，在界定具有担保功能的众创平台融资系统相关概念的基础上，依托系统管理理论、利益相关者理论、委托代理理论、市场调节与政府规制理论、过度自信理论等理论，建立了具有担保功能的众创平台融资系统分析框架，剖析了众创平台融资系统运行机制。

（2）探究异质情景下具有担保功能的众创平台融资系统演化机理，设计并引入奖惩机制、转移支付机制、双向激励机制

首先，厘清了异质情景下具有担保功能的众创平台融资系统在运行过程中各方参与主体间的代理冲突和策略行为关系。其次，考虑到异质情景下政府和众创平台均可通过奖惩影响系统演化，因此，在异质情景下，分别将政府奖惩机制和众创平台奖惩机制进入具有担保功能的众创平台融资系统中，构建了异

质情景下具有担保功能的众创平台融资系统演化博弈模型。再次，将各方参与主体初始意愿引入模型设计，借助 MATLAB 软件进行实验仿真，分析了异质情景下具有担保功能的众创平台融资系统中各方参与主体的策略行为演化轨迹。最后，分别从政府视角和众创平台视角探究了如何防范众创平台融资系统中各方参与主体道德风险的问题；同时，提取了影响异质情景下具有担保功能的众创平台融资系统演化稳定性的关键因素，以便为设计、分析异质情景下具有担保功能的众创平台融资系统的动态激励契约奠定基础。市场机制下具有担保功能的众创平台融资系统中参与主体间的策略行为关系如图 1.2（a）所示，政府规制下具有担保功能的众创平台融资系统中参与主体间的策略行为关系如图 1.2（b）所示。

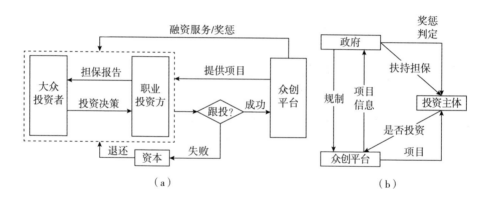

图 1.2 异质情景下具有担保功能的众创平台融资系统中参与主体间的策略行为关系

（3）设计并分析异质情景下具有担保功能的众创平台融资系统的动态激励契约

具有担保功能的众创平台融资系统演化机理研究，探究了系统中参与主体的二元决策问题，虽然有助于为规避系统运营风险提供策略启示，却无法有效提升系统运行效率，实现决策主体行为决策的最优化。因此，为实现具有担保功能的众创平台融资系统的高效运行，为向融资系统中参与主体决策提供科学依据，进而实现系统中参与主体的有效激励，本书设计并分析了异质情景下具有担保功能的众创平台融资系统的动态激励契约模型。具体而言：考虑众创平台双重过度自信特征，构建了异质情景下具有担保功能的众创平台融资系统的动态激励契约模型，通过数理分析和系统仿真，探讨异质情景下众创平台双重过度自信特征对系统中参与主体行为决策及众创平台过度自信成本的影响机理。

（4）对比分析不同情景下具有担保功能的众创平台融资系统演化差异性

对比异质情景下具有担保功能的众创平台融资系统演化差异，为异质情景下具有担保功能的众创平台融资系统规避各方参与主体道德风险问题，提升具有担保功能的众创平台融资系统的运行效率提供了切实可行的管理提升策略。具体而言：首先，通过剖析异质情景下具有担保功能的众创平台融资系统运行机制，为具有担保功能的众创平台融资系统优化提供管理提升策略。其次，通过探究异质情景下具有担保功能的众创平台融资系统的演化机理，为规避系统内各方参与主体的道德风险问题提供管理提升策略。再次，通过设计并分析异质情景下具有担保功能的众创平台融资系统的动态激励契约，为提升具有担保功能的众创平台融资系统的运行效率提供管理提升策略。最后，通过对比异质情景下具有担保功能的众创平台融资系统演化差异，进一步为具有担保功能的众创平台融资系统的健康发展提供管理提升策略。

1.5.2　研究方法

基于推动具有担保功能的众创平台融资系统健康发展的迫切性，本书从委托代理理论、系统管理理论、利益相关者理论等理论出发，剖析了具有担保功能的众创平台融资系统的运行机制，构建了异质情景下具有担保功能的众创平台融资系统演化博弈模型，设计并分析了异质情景下具有担保功能的众创平台融资系统的动态激励契约，为推动具有担保功能的众创平台融资系统的健康发展提供了策略启示。本书所使用的研究方法主要包括：

（1）演化博弈法

通过剖析融资系统运行机制，分析了异质情景下具有担保功能的众创平台融资系统中各方参与主体间的策略行为关系，并将参与主体初始意愿引入模型设计，以更好地刻画现实情景。通过对异质情景下具有担保功能的众创平台融资系统进行演化博弈分析，探讨了融资系统稳健性问题及相关利益主体的策略行为选择轨迹问题，为规避系统运行过程中各方参与主体道德风险问题提供了策略启示；同时提取了影响系统稳定性的关键因素，为异质情景下具有担保功能的众创平台融资系统的动态激励契约设计奠定了基础。

（2）动态规划法

为了刻画异质情景下具有担保功能的众创平台融资系统运行过程中参与主体决策存在先后的顺序问题，本书首先分别构建了市场机制下和政府规制下具有担保功能的众创平台融资系统的动态激励契约模型，利用动态规划法，逆向求解众创平台融资系统中各方参与主体的最优决策。其次，将众创平台双重过度自信特征引入模型设计，探讨了众创平台双重过度自信特征对融资系统中参与主体动态决策及众创平台过度自信成本的影响机理。

1.5.3 技术路线

本书遵循发现问题、提出问题、分析问题、解决问题四步走的研究路线。

第一步：发现问题。1.1 部分，发现了具有担保功能的众创平台融资系统亟待解决的问题。

第二步：提出问题。1.2 部分，提出了剖析融资系统的运行机制、探究融资系统演化机理、设计分析融资系统动态激励契约、对比分析异质情景下融资系统演化差异四点问题。

第三步：分析问题。第 1 章文献述评定位了本书的切入点；第 2 章建立了异质情景下具有担保功能的众创平台融资系统分析框架，剖析了融资系统运行机制。

第四步：解决问题。第 3 章和第 4 章探究了异质情景下融资系统演化机理；第 5 章和第 6 章设计并分析了异质情景下融资系统动态激励契约。上述研究结论为防范融资系统中参与主体的道德风险问题，提升融资系统运行效率提供了策略启示。

本书技术路线如图 1.3 所示。

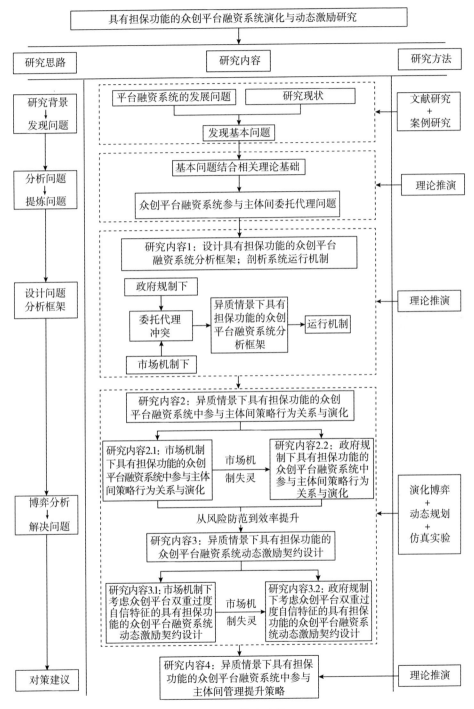

图 1.3　技术路线

1.6 创新之处

为防范具有担保功能的众创平台融资系统在运行过程中出现各方参与主体的道德风险问题，提升融资系统的运行效率，本书剖析了众创平台融资系统的运行机制，探究了众创平台融资系统的稳定性和演化机理，设计并分析了融资系统动态激励契约。具体而言：

（1）剖析了具有担保功能的众创平台融资系统运行机制，引入并探究了奖惩机制、转移支付机制、双向激励等机制对融资系统演化和契约设计的影响机理

具体而言，结合现实情景，通过剖析传统平台融资系统的系统结构、分析系统内参与主体的权利与义务发现，以抽成方式盈利的融资平台显然无法形成对系统内其他参与主体机会主义行为的有效约束，而众创平台深度参与了投融资主体间的投融资过程，以双边平台的形式服务于投融资主体，且投资主体可以通过激励来约束和引导众创平台在投融资过程中的行为决策。因此，众创平台盈利同交易质量挂钩，这有利于提升融资系统运营的稳定性。通过剖析传统平台融资系统的运行机制缺陷和具有担保功能的众创平台现有运行机制，在具有担保功能的众创平台融资系统中，本书设计并引入了罚金转移支付、参与主体间双向激励、主导核心奖惩等机制。通过研究可以发现，上述机制的引入有利于提升众创平台融资系统运行的稳健性和效率。

在理论方面，罚金转移支付、参与主体间双向激励、主导核心奖惩等机制的引入，进一步优化了具有担保功能的众创平台融资系统的运行机制；在实践方面，为提高具有担保功能的众创平台融资系统的稳定性，规避具有担保功能的众创平台融资系统在运行过程中出现各方参与主体道德风险问题提供了更加丰富的激励约束机制。

（2）通过构建分析具有担保功能的众创平台融资系统演化博弈模型，探究并发现了异质情景下具有担保功能的众创平台融资系统的演化规律

首先，通过厘清异质情景下具有担保功能的众创平台融资系统在运行过程中各方参与主体间的委托代理关系及代理冲突，分析了异质情景下具有担保功能的众创平台融资系统在运行过程中各方参与主体间的策略行为关系。其次，考虑到

异质情景下政府和众创平台均可通过奖惩机制影响系统演化，因此，在异质情景下，分别将政府奖惩机制和众创平台奖惩机制引入具有担保功能的众创平台融资系统中，构建了异质情景下具有担保功能的众创平台融资系统演化博弈模型。再次，将各方参与主体初始意愿引入模型设计中，分析了异质情景下具有担保功能的众创平台融资系统中各方参与主体的策略行为演化轨迹。最后，分别从政府视角和众创平台视角探究了如何防范具有担保功能的众创平台融资系统中各方参与主体道德风险问题；同时，提取了影响众创平台融资系统演化稳定性的关键因素。研究发现，不同情景下众创平台融资系统演化存在异质性，市场机制下众创平台的奖惩机制着力点在于加强对担保投资机构的监管和奖惩机制来防范其道德风险行为；而政府规制下政府奖惩机制的着力点在于建立罚金转移支付机制。

在理论方面，阐释了异质情景下具有担保功能的众创平台融资系统的演化机理，并验证了奖惩机制以及转移支付机制的优越性。在实践方面，揭示了影响具有担保功能的众创平台融资系统中参与主体间策略行为演化稳定性的关键因素，为具有担保功能的众创平台融资系统动态激励契约设计奠定了基础。

（3）通过构建具有担保功能的众创平台融资系统动态激励契约模型，探究并发现了众创平台双重过度自信特征对异质情景下融资系统中参与主体决策的影响机理

基于异质情景下具有担保功能的众创平台融资系统中参与主体间的策略行为关系及系统演化结果，考虑众创平台双重过度自信特征，设计并引入了众创平台同担保投资机构间双向激励机制，建立了考虑众创平台双重过度自信特征的异质情景下具有担保功能的众创平台融资系统动态激励契约模型，探究了众创平台双重过度自信特征对异质情景下具有担保功能的众创平台融资系统动态激励契约中参与主体决策的影响机理，并验证了双向激励机制设计对提升具有担保功能的众创平台融资系统稳健性和运行效率的优越性。因此，在众创平台融资系统运行机制设计过程中必须引入双向激励机制。本书所构建的具有担保功能的众创平台融资系统的动态激励契约模型，是在动态契约理论基础上建立起来的。

本书所构建的动态激励契约模型，与薛力和郭菊娥构建的市场中领投、跟投和融资方的三方委托代理模型最为相似，但是相较于该模型，本书所构建的模型主要有三个方面的创新：一是融资中三方主体均存在努力问题和激励问题，而非一方参与主体的努力问题和激励问题；二是本书所构建的模型考虑了融资方的风险规避及过度自信问题，更加真实地刻画了现实情景；三是异质投资主体在参与

平台融资过程中存在异质目标问题^[94]。

在理论方面，探究了众创平台双重过度自信特征对异质情景下具有担保功能的众创平台融资系统动态激励契约中参与主体决策的影响机理，验证了参与主体间双向激励机制设计的必要性；在实践方面，更加贴合实际地刻画了异质情景下具有担保功能的众创平台融资系统的运行情况，为异质情景下具有担保功能的众创平台融资系统中参与主体决策提供了科学依据。

（4）探讨并发现了不同情景下众创平台融资系统演化的异质性

对异质情景下具有担保功能的众创平台融资系统中众创平台和投资主体行为策略演化的异质性进行对比，探讨不同情景下众创平台融资系统演化的异质性。具体而言，通过剖析异质情景下具有担保功能的众创平台融资系统中参与主体间的权利与义务，有针对性地设计了政府主导的奖惩机制、罚金转移支付机制和众创平台主导的奖惩机制及双向激励机制；通过对比异质情景下具有担保功能的众创平台融资系统参与主体策略行为演化轨迹，探究了政府奖惩机制、罚金转移支付机制和众创平台奖惩机制对异质情景下具有担保功能的众创平台融资系统演化的影响差异。研究发现，首先，政府奖惩同众创平台奖惩的着力点存在差异，政府必须为摆脱融资系统囚徒困境问题并率先加强监管，否则当融资系统中参与主体机会主义倾向较高时，融资系统将无法向健康稳定的方向发展。其次，政府不能放任市场机制下具有担保功能的众创平台融资系统的自由发展，尤其是当众创平台融资系统发展稳定时，政府放任不管将导致系统出现风险。

在理论方面，通过探讨不同情景下众创平台融资系统演化的异质性，克服了思维方式的弊端，避免了将众创平台融资系统治理问题孤立成独立决策模块，有利于用系统的思维对问题进行整体分析；在实践方面，为众创平台融资系统的发展提供有差别、针对性的管理策略奠定了基础，可以有效避免"一刀切"等问题的出现。

2 具有担保功能的众创平台融资系统分析框架

本章主要就本书涉及的基本概念、理论基础、分析框架设计及具有担保功能的众创平台融资系统运行机制等问题展开论述。

首先，本章给出了本书相关研究内容的概念界定，分析了本书涉及的相关理论，包括系统管理理论、利益相关者理论、委托代理理论、市场调节与政府规制理论、过度自信理论。其次，分别对上述理论的研究意义、概念内涵、理论发展、应用领域进行梳理，分析了上述理论对本书的适用性，为构建具有担保功能的众创平台融资系统分析框架奠定了理论基础。再次，设计了异质情景下具有担保功能的众创平台融资系统的分析框架。最后，分析了具有担保功能的众创平台融资系统的运行机制，设计并引入了奖惩机制、转移支付机制及双向激励机制等机制。

2.1 相关概念界定

2.1.1 具有担保功能的众创平台融资系统

在具有担保功能的众创平台融资系统中，大众投资者手中掌握了大量的社会闲散资本却难以增值，虽然通过参与双创项目投资可以获得投资回报，但是在双创投资过程中存在着投资风险，且大众投资者普遍不具备职业的投资能力。职业领投人的出现对引导大众投资者参与风险投资、降低投资风险起到了很好的助力作用，然而网贷平台爆雷问题的频现揭示了不受制约的领投服务，质量是难以得到保障的，因此，越来越多的网贷平台转型为担保投资机构，试图完善平台融资模式。担保投资机构不仅为大众投资者提供领投服务，而且为大众投资者负责，提升了担保投资机构的服务积极性，降低了大众投资者的投资风险。众创平台为大众投资者和担保投资机构提供优质的双创项目，并对双创项目进行孵化，为异质投资者负责；同时，众创平台为提升融资效率，将对担保投资机构进行激励，此时，担保投资机构亦应对众创平台负责。市场不是万能的，政府规制是解决市场失灵的有效手段，亦是推动市场中的各方参与主体为共同目标协同发展的重要力量。因此本书中具有担保功能的众创平台融资系统①是指，在众创平台为双创主体提供融资服务的过程中，为降低投融资过程中大众投资者同双创主体间的信息不对称问题，提升大众投资者同双创主体间的投融资安全及效率，众创平台通过引入担保投资机构为大众投资者提供担保领投服务，形成了以众创平台为运营核心、担保投资机构提供担保领投服务、大众投资者提供主要资本来源的具有担保功能的众创平台融资系统。相较于传统的"领投+跟投"融资系统，具有担保功能的众创平台融资系统中担保投资机构不仅需要为众创平台负责，而且需要为大众投资者损失负责，同时担保投资机构行为受到众创平台监督，可以有效提升担保投资机构尽职服务的积极性；此外，具有担保功能的众创平台融资系统中的众创平台参与了项目孵化过程，根据交易的质量确定最终收益，一定程度上可以有效规避抽成式盈利模式可能导致的众创平台机会主义行为。

市场经济有两种资源配置方式：一是依靠市场调节机制进行资源配置的方式；二是依靠政府干预进行资源配置的方式。依靠市场调节机制进行资源配置的市场经济中，政府仅为市场提供基础的运营环境，不会干预市场参与主体的行为；而依靠政府干预进行资源配置的市场经济中，政府将通过具体的行动对市场经济主体的行为进行限制与调控。我国目前正处于经济体制转轨的新时期，从计划体制向市场经济体制转化的过程是从国家放松对社会资源和市场经济主体的管制开始的，国家管制的放松意味着政府从一些领域中退出，很多职能由政府交给了市场。因此，本书将政府仅向具有担保功能的众创平台融资系统提供一般政策环境，并不直接通过行政手段干预具有担保功能的众创平台融资系统的运行轨迹时的具有担保功能的众创平台融资系统定义为市场机制下具有担保功能的众创平

---

① 为后文描述简便，第 3 章~第 6 章标题中将"具有担保功能的众创平台融资系统"简称为"众创平台融资系统"。

台融资系统；将政府直接参与并干预具有担保功能的众创平台融资系统的运行过程时的具有担保功能的众创平台融资系统定义为政府规制下具有担保功能的众创平台融资系统，此时，政府将被视作具有担保功能的众创平台融资系统的重要参与主体。本书概念模型如图2.1所示。市场机制下具有担保功能的众创平台融资系统和政府规制下具有担保功能的众创平台融资系统的最直接差异是政府是否直接参与并干预了系统的运行，二者的区别还在于政府参与并干预系统运行改变了系统内的矛盾结构（详见2.3.1部分）。

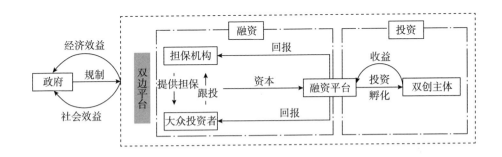

图 2.1　概念模型

2.1.2　具有担保功能的众创平台融资系统中的主要参与主体

（1）众创平台

本书借鉴陈武和李燕萍（2018）等对提供投融资服务的平台的命名，将其称为众创平台。众创平台是具有担保功能的众创平台融资系统的核心构件，这不仅取决于众创平台可以视为具有担保功能的众创平台融资系统中各参与主体间关联的核心，还取决于相较于传统的创业融资活动以及网络助贷融资，众创平台依托完善的政用产学研体系支持，可以为实实在在存在的双创项目提供包括融资服务的全方位双创服务。因此，众创平台具有双边平台的性质，其不仅是投资者的代理人，也是双创主体的委托人。综上所述，本书所研究的众创平台为：通过吸引社会资本参与，向双创项目提供融资服务进而实现自身利益的平台。众创平台通过为双创主体提供双创服务、为投资者提供双创项目，进而谋求不定形式的利益，这是由于并非所有的众创平台都是营利性平台，亦有部分众创平台为公益性平台，但是不可否认的是，尽管部分众创平台是公益性平台，其行为策略亦是带有目的性的。

（2）异质投资者

在公司治理研究领域，大小股东在公司治理过程中往往拥有着不同的权力结构，扮演着不同的治理角色，因此，学者将大小股东往往称为异质投资者。然而在具有担保功能的众创平台融资系统中，社会资本虽有大小之分，但却不是影响具有担保功能的众创平台融资系统演化的绝对因素，资本的大小仅代表所占股份的比例。本书具有担保功能的众创平台融资系统中的异质投资者指的是担保投资机构和大众投资者。在具有担保功能的众创平台融资系统运行过程中，担保投资机构和大众投资者各有分工，且他们之间存在着委托代理关系。担保投资机构的主要任务是为大众投资者提供领投服务和风险担保服务，这不同于传统的"领投+跟投"模式，因为具有担保功能的众创平台融资系统中的担保投资机构需要为大众投资者负责，以规避领投服务得不到有效制约的问题；大众投资者的主要任务则是跟随担保投资机构向众创平台提供的双创项目注资，为双创项目提供资金。显然，在异质投资者之间，存在着大众投资者对担保投资机构的委托代理关系。

（3）担保投资机构

担保投资机构是为大众投资者提供领投服务，并为大众投资者投资安全负责的组织。担保投资机构源于职业投资者。在传统的平台融资系统中，职业投资者即领投人，职业投资者通过出具领投报告，吸引大众投资者参与跟投，进而获得融资方奖励和融资方收益分成双份奖励。职业投资者能够有效吸引大众投资者跟投需要职业投资者拥有较高的信誉和声望，但是不可否认，职业投资者存在隐藏信息进而促使交易达成的机会主义行为。当职业投资者所领投项目出现亏损时，职业投资者损失了信誉和声望，但却不需要对大众投资者赔偿。相较于职业投资者，担保投资机构虽然亦是通过出具领投报告，吸引大众投资者参与跟投，进而获得融资方奖励和融资方收益分成双份奖励，但它不仅需要为大众投资者负责，而且需要对由于自身原因导致的大众投资者损失进行赔偿，这形成了对领投人行为的经济约束。担保投资机构不同于担保机构，担保机构仅提供担保服务，不从事投资活动，这在一定程度上降低了大众投资者对担保机构的信赖。

（4）双创主体

双创主体指从事创新创业活动的人或企业。现实情景中，以 P2P 金融为代表的金融模式通过高效的投融资匹配实现了规模的快速扩张，然而网贷平台抽成式的盈利模式加剧了投融资主体间的信息不对称问题，引发了不良问题，致使P2P金融模式最终失败。不同于P2P金融，众创平台直接参与了双创项目的孵化过程，且可以通过阶段性资金投入控制提升双创主体的积极性，进而保障了投资者的资本安全。因此，双创主体、投资者同众创平台间的委托代理问题演变为投资者同众创平台间的委托代理问题。因此，通过简化研究投资者同众创平台间的委托代理问题可以大大简化研究问题的复杂性。

（5）政府

于不同情景下具有担保功能的众创平台融资系统中，政府扮演着不同的角色。在市场机制下具有担保功能的众创平台融资系统中，政府为市场经济主体提供基础的运营环境，但不通过运用公共权力，干预市场经济主体的行为决策；而在政府规制下具有担保功能的众创平台融资系统中，政府将通过具体的行动对市场经济主体的行为进行限制与调控。市场调节机制失灵时，政府必须通过行政手段干预融资系统的运行，否则将造成社会资源的极大浪费，甚至可能会引发无法挽回的损失。

2.2　具有担保功能的众创平台融资系统的特征分析

2.2.1　具有担保功能的众创平台融资系统的特点

系统管理理论是在传统组织理论和行为科学组织理论的基础上发展而来的，均属于组织理论。组织理论是指人类在社会组织活动中按一定形式安排事务的理论。组织是由两个以上的人员组成的，为实现共同目标，以一定形式加以编制的集合体。组织理论自20世纪初开始，大致经历了传统组织理论、行为科学组织理论和系统管理理论三个发展阶段。传统组织理论盛行于20世纪10~30年代，着重分析了组织的结构和组织的一般管理原则，其代表人物主要有韦伯、法约尔、泰勒等。然而，传统组织理论忽视了人的主观能动性，使企业生产效率的提升遇到了瓶颈，为解决这一问题，20世纪30年代后行为科学组织理论应运而生，这一理论摒弃了传统组织理论的静态研究方法，着重研究了人和组织的活动过程，其代表人物主要有马斯洛、赫茨伯格等。虽然行为科学组织理论的研究对提升人的主观能动性起到了很好的促进作用，但过分强调了人的作用，忽视了传统组织理论的作用。为了克服传统组织理论过分强调"事"和行为科学组织理论过分强调"人"的弊端，系统管理理论综合了早期传统组织理论和行为科学组织理论的成果，以系统的观点分析组织问题。系统管理理论把组织看作一个系统，从系统的互相作用和系统同环境的互相作用中考察组织的生存和发展。系统管理理论的基础是系统论，系统即若干部分相互联系、相互作用形成的具有某些功能的有机整体。具有担保功能的众创平台融资系统便是由投资者、众创平台、政府等构件相互作用形成的有机整体。

具有担保功能的众创平台融资系统的运行应当以实现融资交易的达成为目标，虽然在具有担保功能的众创平台融资系统运行过程中各方参与主体亦存在一致的目标"达成交易"，但是"达成交易"显然不是各方参与主体的唯一目标，投资者定然会关注投资回报问题，政府在参与具有担保功能的众创平台融资系统运行过程中，除了需要考虑系统的经济产出问题，还需要考虑系统输出的社会福利问题。因此，各方参与主体间的目标存在一定的异质性，这给具有担保功能的众创平台融资系统的稳定运行带来了挑战。由此可见，对于参与众创平台融资过程的参与主体而言，其虽然存在着同其他相关联的主体间的共同目标"达成交易"，但却不能忽视同其他相关联的主体间的目标异质性问题。系统管理理论运用系统论的观点和方法，分析了组织问题和管理行为，它以全局观点突破了片面性思维，以开放观点突破了封闭性研究。因此，系统管理理论仍不失为一种分析、解决具有担保功能的众创平台融资系统运行问题的有效工具。

2.2.2 具有担保功能的众创平台融资系统中的利益相关者

利益相关者理论是在对欧美等国家所奉行的"股东至上"的公司治理理念的质疑中逐步发展起来的。斯坦福研究所于 20 世纪 60 年代首次提出了"利益相关者"概念，认为组织离开利益相关者这一团体的支持将无法生存。Freeman 在 *Strategic Management：A Stakeholder Approach* 一书中突破了斯坦福研究所给出的"是否影响企业生存"的利益相关者定义，认为能够影响企业目标实现抑或企业目标实现过程中受到影响的人和群体均是利益相关者，这一定义大大扩展了利益相关者的内涵。在此基础上，学者从单一标准或多重标准对"利益相关者"这一概念进行了更为细致的诠释，利益相关者这一概念的影响于 80 年代迅速扩大。利益相关者理论的发展，逐渐影响了欧美等国家和地区公司治理模式的选择，并促进了企业管理方式的转变。

具有担保功能的众创平台融资系统是多方利益主体的集合体，然而传统的企业理论将众创平台所有者的财富最大化作为企业目标，忽视了利益相关者对众创平台经营活动的影响。因此，传统的企业理论显然无法解释具有担保功能的众创平台融资系统运作过程中不同参与主体间的利益诉求异质性问题。利益相关者理论的发展为分析具有担保功能的众创平台融资系统中不同参与主体间的经济利益关系与交易提供了思路，利益相关者理论认为，具有担保功能的众创平台融资系统中的核心中介"众创平台"不仅应追求平台所有者的利益最大化，同时应当对与之相关联的利益相关者的利益负责。众创平台虽然是具有担保功能的众创平台融资系统的核心中介，但其不可能孤立地存在。利益相关者理论认为，众创平台所有者虽然在融资过程中承担了平台的运营风险，但异质投资者、政府一样承担了系统运营风险，并且系统中的利益相关者利益诉求和行为策略的变化会影响与之相关联的参与主体的行为和利益。因此，具有担保功能的众创平台融资系统的稳定运行并非众创平台独善其身似的经营模式（如仅提供中介服务，不对交易质量负责）即可实现，而是需要协调系统中多方参与主体间的利益诉求。

进一步分析，在具有担保功能的众创平台融资系统中，如果将众创平台视作系统的核心枢纽，那么，投资者便可以视作系统的资本提供方、双创主体可以视作系统的资本接收方，政府可以视作系统运行的监管方。因此，投资者、双创主体、众创平台、政府均可视作具有担保功能的众创平台融资系统中存在相互作用的利益相关者。对于具有担保功能的众创平台融资系统而言，担保机构、大众投资者、众创平台、政府间虽然存在着一致的共同目标"达成交易"，然而各参与主体亦有各自的利益诉求，势必会对各利益相关主体的行为决策产生影响，进而影响具有担保功能的众创平台融资系统的演化趋势。由此可见，具有担保功能的众创平台融资系统是一个由多方参与主体相互作用，于分歧中寻找共同利益的有机整体，系统中的多方参与主体间存在着利益相关关系，只有保证各方参与主体的利益诉求得到满足，系统的运行才有实现稳定的可能。因此，设计具有担保功能的众创平台融资系统的运行结构，必须界定各参与主体的利益诉求，厘清各方参与主体的策略演化，通过激励契约设计实现对各方参与主体的行为激励（见图2.2）。

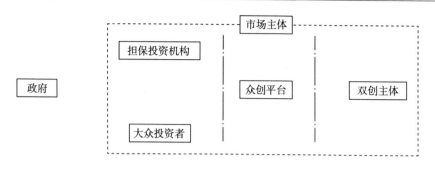

图 2.2　利益相关者关系

2.2.3　具有担保功能的众创平台融资系统中的委托代理

委托代理起源于"专业化"的存在，基于此，美国经济学家伯利和米恩斯提出了委托代理理论，认为企业所有权和经营权的分离可以使专业的人做专业的事，因此，倡导所有权和经营权的分离，以进一步提升企业运营效率。委托代理理论早已成为现代公司治理的逻辑起点，经过几十年的发展，不再局限于分析企业内部的委托代理问题，而是已经扩展应用到企业与企业间的委托代理问题。委托代理问题的研究是建立在非对称信息博弈论基础上的，其中心任务是研究参与主体利益间存在矛盾和信息存在不对称问题环境下委托人如何设计激励契约激励代理人。

具有担保功能的众创平台融资系统运行过程中，异质投资者、双创主体、众创平台和政府间必然存在着利益矛盾和信息不对称问题，且各参与主体间必然存在着利益相关关系。因此，尝试利用委托代理理论刻画分析系统运行过程中的相关问题，将有助于实现具有担保功能的众创平台融资系统稳定和高效的运行。下文结合具有担保功能的众创平台融资系统的运行特点，将具有担保功能的众创平台融资系统运行过程中存在的委托代理关系总结如下：

（1）参与主体间的传统委托代理关系

传统委托代理关系是指股东同经营者间的委托代理关系。随着委托代理理论的广泛应用，学者普遍将委托人对代理人的委托代理关系均视为一般意义上的委托代理关系。在异质情景下具有担保功能的众创平台融资系统中：于投资者同众创平台之间，投资者委托众创平台提供双创项目可以视作投资者同众创平台间的传统委托代理关系；于政府同众创平台之间，政府委托众创平台对双创主体进行孵化可以视作政府同众创平台间的传统委托代理关系；于政府同投资者之间，政府委托投资机构对众创平台中的双创主体进行投资可以视作政府同投资者间的传统委托代理关系；于异质投资者之间，大众投资者委托担保投资机构对众创平台中的双创项目提供领投担保服务，可以视作异质投资者之间的传统委托代理关系。委托人同代理人的效用函数的不一致致使参与主体间产生了传统的委托代理问题，这必然导致两者的利益冲突。在没有有效的制度安排下，代理人的行为很可能最终损害委托人的利益。想要解决传统的委托代理问题，就必须厘清各参与主体的行为策略，设计激励契约。通过这样的契约设计，我们可以在众创平台的融资系统中构建起一种新的合作模式，这种模式能够有效地调和各方的利益，激发创新活力，最终推动整个创新创业生态系统的健康发展。在这个过程中，每一个参与主体都将扮演其独特的角色，共同为创造更大的社会和经济价值而努力。

（2）参与主体间的双重委托代理关系

双重委托代理关系是指在一个经济系统中，某一参与主体即是任务的委托人，亦是任务的代理人，该参与主体具有双重身份，形成了双重委托代理关系。亦有学者将双重委托代理称为双层委托代理关系。在异质情景下具有担保功能的众创平台融资系统中：于异质投资者同众创平台之间，大众投资者委托担保投资机构提供领投服务，担保投资机构委托众创平台提供双创项目，形成了结构如"大众投资者→担保投资机构→众创平台"的双重委托代理关系，同时大众投资者委托众创平台对担保投资机构的领投行为进行监管，众创平台委托担保投资机构为大众投资者提供领投服务进而吸引大众投资者参与，形成了结构如"大众投资者→众创平台→担保投资机构"的双重委托代理关系；当众创平台无法有效地主导具有担保功能的众创平台融资系统的有效运行时，政府干预系统的运行是最为直接有效的方式，此时于政府、众创平台和投资者之间，政府的参与使具有担保功能的众创平台融资系统中的主要矛盾由异质投资者同众创平台间的矛盾转变为政府同众创平台、投资者间的矛盾，政府委托投资者对众创平台进行注资，投资者委托众创平台提供优质的双创项目，形成了结构如"政府→投资者→众创平台"的双重委托代理关系。可以发现，双重委托代理关系相较于传统的委托代理关系，虽然提升了分工的细致性，有利于专业化程度的提高，但参与主体间的利益诉求异质性更加显著，这加剧了不同参与主体间的委托代理冲突。因此，推动具有担保功能的众创平台融资系统的稳定高效运行，就必须协调好具有担保功能的众创平台融资系统运行过程中存在的双重委托代理关系（见图2.3）。

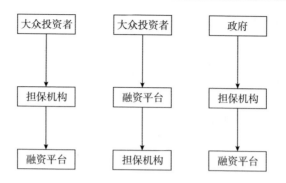

图 2.3　双重委托代理关系

（3）参与主体间的异质委托代理关系

异质委托代理关系是指一经济系统中，具有不同目标的参与主体作为委托人同时与某一代理人形成委托代理关系。在异质情景下具有担保功能的众创平台融资系统中：于异质投资者同众创平台之间，虽然大众投资者和担保投资机构均对众创平台的项目孵化活动带有风险控制任务委托和经济效益任务委托，但显然异质投资者对两任务的关注度存在差异，形成了异质投资者对众创平台的异质委托代理问题；于政府、投资者对众创平台的投资过程中，政府和投资者的各自目标需求不尽一致，进而形成了对众创平台的异质委托情形，风险投资机构作为资本利益的追逐者，寄希望于资本投资以攫取巨额的投资回报，而政府作为众创空间发展的推动者与倡导者，其规制的双重性（经济性规制、社会性规制）意味着其委托目标亦会具有双重性特征，包括经济性委托和社会性委托，以期众创平台既能产出经济效益，又能输出社会福利，助力我国社会创新，稳定社会就业（见图 2.4）。

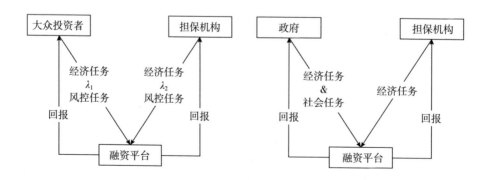

图 2.4　异质委托代理关系

（4）参与主体间的双向委托代理关系

双向委托代理关系是指一经济系统中若存在两个参与主体 A 和 B，参与主体 A 是参与主体 B 的委托人（即参与主体 B 是代理人），同时参与主体 B 也是参与主体 A 的委托人（即参与主体 A 是代理人）。在异质情景下具有担保功能的众创平台融资系统中：于担保投资机构和众创平台间，担保投资机构委托众创平台提供优质的双创项目以完成担保领投服务，进而获得效益，而众创平台也存在委托担保投资机构向大众投资者提供高质量担保领投服务的需求，进而通过担保投资机构提供的高质量担保领投服务提升系统的知名度和信誉，由此形成了担保投资机构和众创平台间的双向委托代理关系；于政府和担保投资机构间，政府委托担保投资机构向众创平台注资，在吸引大众投资者跟投的同时缓解众创平台资金流动性差问题，担保投资机构亦会委托政府对众创平台的运营行为进行监管，以防范众创平台违规挪用资本的问题，虽然现实情景中担保投资机构并不会对政府进行直接的经济激励，但众创平台可通过降低或拒绝向众创平台提供资本来约束政府的消极规制行为，由此形成了政府和担保投资机构间委托代理关系（见图 2.5）。

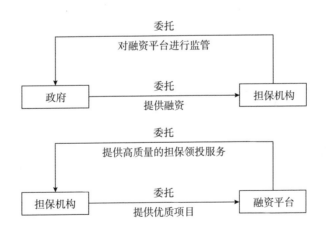

图 2.5 双向委托代理关系

构建行之有效的具有担保功能的众创平台融资系统以服务双创战略，就必须对具有担保功能的众创平台融资系统中的各类委托代理关系进行梳理，以便模型刻画分析系统运行过程中存在的相关问题。

2.2.4 市场情景对具有担保功能的众创平台融资系统的影响

市场调节是由价值规律自发地调节经济的运行，认为市场调节由市场供求关系的变化引起的价格变动对社会经济活动的调节。市场调节具有调节经济资源在社会各方面之间分配、调节物质利益在不同利益集团之间分配的功能，能够灵活地反映和调节市场供求关系，促使企业按需生产。市场调节具有自发性、盲目性、滞后性、事后性等特征。就市场调节的自发性而言，市场中的经济主体是利益的追逐者，因此。市场调节可以能够有效地调动经济主体的主观能动性，能够客观地反映供需问题；就市场调节的盲目性而言，市场调节理论认为市场中的经济主体均无法准确把握市场前景，因此认为经济主体的决策均会带有一定的盲目性，并导致矛盾的产生；就市场调节的滞后性和事后性而言，传统的市场调节认为往往只有在矛盾出现时，市场这只"无形的手"才能发挥作用。然而，事前规制方面的相关研究成果认为，在矛盾发生前通过程序控制亦可防患于未然，而且适用于一切领域中的所有工作。因此，带有事前控制的市场调节可以为具有担保功能的众创平台融资系统中参与主体道德风险问题的规避提供解决思路。

政府规制理论，亦称为政府管制理论，源于美国经济学家乔治·斯蒂格勒的深入研究。该理论阐述了政府如何通过法规、政策等行政手段，对市场中的企业和其他经济主体的行为进行限制和指导。这种规制的核心目的，在于纠正市场的缺陷，确保市场经济的发展轨迹与国家的社会目标和经济规划相吻合。斯蒂格勒通过对 19 世纪以来美国规制历史的细致分析，提出了一个颠覆性的观点：政府规制与市场失灵之间，并不存在必然的因果联系。他的研究表明，政府规制并非总是对市场失灵的回应，有时规制可能是由特定利益集团的游说所驱动，而非纯粹出于公共利益。政府规制与市场调节的本质区别在于，市场调节依赖于经济主体追求自身利益的动机，通过供需关系、价格机制等自发地调整经济行为。而政府规制则是在市场调节的基础上，采取额外的行政措施。这些措施可以分为经济性规制和社会性规制两大类。经济性规制主要针对自然垄断、信息不对称等问题，旨在防止市场力量的滥用、保护消费者权益、确保公平竞争。例如，对电信、电力等行业的价格和服务标准进行监管。社会性规制则关注更广泛的社会目标，如环境保护、公共安全、健康标准等。这类规制旨在解决市场自身无法充分考虑到的外部性问题，以及保障社会公平和弱势群体的利益。在市场经济的运行中，政府规制扮演着不可或缺的角色。它通过制定和执行法律法规，对市场进行必要的干预，以弥补市场的不足。这种干预可能是为了矫正市场失灵，如防止垄断、提供公共用品、控制负外部性等；也可能是为了引导市场经济更好地服务于国家的发展战略，比如通过产业政策促进特定行业的发展，或者通过宏观调控稳定经济周期。总之，政府规制理论为我们理解政府在经济活动中的角色提供了重要的视角。它强调了政府在维护市场秩序、促进社会公平和实现国家长期发展目标中的重要作用，同时也提醒我们，政府规制应当谨慎使用，避免过度干预可能带来的效率损失和寻租行为。

政府规制又可划分为弱规制和强规制。政府弱规制是指政府虽然参与了市场经济活动，但仅为市场经济活动提供必要的服务，并不干预市场经济的运行；而政府强规制是指政府在为市场经济活动提供必要服务的基础上，为弥补市场失灵或实现市场经济符合国家发展的需要，通过行政手段和金融工具干预市场经济活动。当前，市场调节"看不见的手"同政府规制"看得见的手"往往共同服务于社会经济的发展，但在我国实施"放管服"经济改革政策的大背景下，着力培育和激发的是市场主体的活力。因此，政府虽然将继续为市场经济活动提供必要的服务，但并不会全面干预市场经济活动，这意味着市场经济主体的市场经济活动可能存在于异质的市场经济环境下，即政府强规制的市场环境和政府弱规制的市场环境。由于政府弱规制的市场环境主要体现的是"看不见的手"对市场经济活动的影响，而政府强规制体现的是"看得见的手"和"看不见的手"对市场经济活动的共同影响。因此，我们不妨将政府弱规制和无规制的市场环境称为"市场机制下的市场环境"，即"看不见的手"主导了市场；根据梅尔学者对政府规制的定义，本书将政府强规制的市场环境简称为"政府规制下的市场环境"，此处及下文中的政府规制均指政府不仅为市场经济活动提供必要服务，同时将通过行政手段和金融工具干预市场经济活动。

在具有担保功能的众创平台融资系统运行过程中，若政府仅为具有担保功能的众创平台融资系统运行提供必要的基础服务，并不直接干预具有担保功能的众创平台融资系统的运行，那么可以将政府视为具有担保功能的众创平台融资系统运行外部环境的提供者；当政府不仅为具有担保功能的众创平台融资系统运行提供必要的基础服务，同时直接干预具有担保功能的众创平台融资系统的运行时，那么政府便成为具有担保功能的众创平台融资系统的重要参与者。为了能够系统地分析具有担保功能的众创平台融资系统运行过程中的相关问题，本书依据市场调节及政府规制理论，将具有担保功能的众创平台融资系统的运行环境划分为市场机制下的市场环境和政府规制下的市场环境，即市场机制下具有担保功能的众创平台融资系统和政府规制下具有担保功能的众创平台融资系统。

2.2.5 具有担保功能的众创平台融资系统中参与主体的过度自信

过度自信理论源于认知心理学的研究成果，是行为金融学的四大研究成果之一。大量的认知心理学研究成果普遍认为决策者是过度自信的，尤其是对自身知识的准确性过度自信。过度自信不同于自信心，自信心可视为一种意志品质，带有自信心的特定人群可以以积极的心态和行为应对可能面临的困难，做事果断、独立，给自己积极的暗示、自我鼓励；而过度自信可被视为一种认知上的偏差，当事人可能出于某种原因或考量，盲目地认为自己拥有比别人或者事物当下所表现出的信息更多更准确的信息，因此，这些人由于过度自信可能做出不理智的决策。关于过度自信的相关文献可以追溯到弗兰克的研究成果，他发现职位越高的决策者越会高估自身完成任务的能力，对自身能力表现出不切实际的乐观主义；丹尼尔等则认为决策者会将自身成功归因于自己认知的准确性和个人能力，这将使决策者在未来事件的决策过程中产生过度自信倾向。基于此，有学者给出了过度自信的具体定义：过度自信是指一种人们认为自己掌握了比事实更加准确的信息的信念。

具有担保功能的众创平台融资系统中的众创平台既是双创项目的孵化者，亦是投资者的代理人，其作为一类双边平台掌握了大量的项目数据和融资数据，容易产生过度自信倾向[193]。在众创平台使用资本对双创项目进行孵化的过程中，相较于经济效益，项目的风险和社会福利输出是众创平台难以衡量的，但是众创平台对所投项目的风险极易忽略，否则众创平台不会对双创项目进行孵化。与此同时，众创平台极易过分高估其社会福利输出，高估其平台在地方的社会价值。因此，具有担保功能的众创平台融资系统运行过程中众创平台存在过度自信倾向。

2.3 具有担保功能的众创平台融资系统分析框架设计

2.3.1 异质情景下具有担保功能的众创平台融资系统的分析逻辑

（1）异质情景下具有担保功能的众创平台融资系统问题

在具有担保功能的众创平台融资系统运行过程中，若政府不直接参与并干预系统运行，那么根据经济学知识可知，市场这只"看不见的手"左右了具有担保功能的众创平台融资系统的运行，此时的众创平台融资系统可视作市场机制下具有担保功能的众创平台融资系统；若市场机制无法有效地引导众创平台融资系统健康发展，那么政府规制在具有担保功能的众创平台融资系统发展过程中则是必要的，因此可以把政府直接参与并干预的众创平台融资系统称为政府规制下具有担保功能的众创平台融资系统。剖析具有担保功能的众创平台融资系统所处环境，分析具有担保功能的众创平台融资系统中参与主体间的矛盾，将有助于有针对性地解决具有担保功能的众创平台融资系统运行过程中所遇到的问题。

市场机制下具有担保功能的众创平台融资系统运行过程中，各参与主体间的主要矛盾分别为：①担保投资机构和大众投资者间的矛盾。其一为担保投资机构是否为大众投资者提供了尽职领投服务，如若担保投资机构未能向大众投资者提供尽职领投服务，那么大众投资者将被置于较高的投资风险中；其二为大众投资者是否跟随担保投资机构向众创平台提供注资，如若大众投资者未能跟随担保投资机构向众创平台提供注资，那么担保投资机构前期提供领投服务支出的成本将无法收回。②担保投资机构和众创平台间的矛盾。其一为担保投资机构是否为众创平台吸引融资提供了尽职担保服务，如若担保投资机构未能向众创平台为吸引融资提供了尽职担保服务，那么众创平台所搭建的平台信誉将会降低，融资系统对大众投资者的吸引力将会被削弱；其二为众创平台是否向担保投资机构尽职担保服务提供激励，如若众创平台未能向担保投资机构尽职担保服务提供激励，那么担保投资机构向大众投资者提供担保领投服务的积极性将会降低。③大众投资者和众创平台间的矛盾。其一为大众投资者是否向众创平台进行注资，如若大众投资者未能向众创平台提供注资，那么双创融资将以失败告终；其二为众创平台是否为保障大众投资者资本安全付出努力，如若众创平台仅从交易中抽取提成，那么担保投资机构将回归P2P领投属性，使大众投资者资本安全难以得到保障。

政府规制下具有担保功能的众创平台融资系统运行过程中，融资系统内的主要矛盾由异质投资主体同众创平台间的矛盾转变为政府同以担保投资机构为代表的投资者和众创平台间的矛盾。这是由于当政府参与并干预具有担保功能的众创平台融资系统运行时，政府有权力而且有义务对担保投资机构的机会主义行为进行规制，强制担保投资机构为跟投者提供领投担保服务进而保障大众投资者的投资安全。因此假定大众投资者将紧随担保投资机构进行投资，此时政府的主要任务是如何鼓励担保投资机构携大众投资者向众创平台提供资金，以推动具有担保功能的众创平台融资系统向双创项目提供急需的初创资本。政府规制下具有担保功能的众创平台融资系统中各参与主体间的主要矛盾分别为：①担保投资机构和政府的矛盾。其一为以担保投资机构为代表的投资者是否为提供双创孵化服务的众创平台提供了资金支持，如若担保投资机构未能向众创平台提供资金支持，那么政府就无法保障众创平台可以获得资本对双创项目进行孵化；其二为政府是否对众创平台可能存在的挪用资本等道德风险行为进行了监管，如果政府未能对众创平台可能存在的挪用资本等道德风险行为进行监管，那么将加剧担保投资机构连同大众投资者的投资风险。②担保投资机构和众创平台间的矛盾。其一为担保投资机构是否向众创平台进行注资，如若担保投资机构未能向众创平台注资，那么众创平台将无资金对双创项目进行孵化；其二为众创平台是妥善利用了担保投资机构的注资，如若众创平台未能妥善利用金融资本，而是将投资挪用博取更大利益，那么将加剧担保投资机构和大众投资者的投资风险。③政府和众创平台间的矛盾。其一为政府是否有效地引导担保投资机构向众创平台进行注资，如若政府未能有效引导担保投资机构向众创平台提供注资，那么众创平台可能会陷入资金匮乏的局面；其二为众创平台是否妥善地利用了金融资本，如若众创平台未能妥善利用金融资本，而是将投资挪用博取更大利益，那么政府将无法保障担保投资机构连同大众投资者的投资安全。

（2）框架设计

系统分析的主要步骤可按照确立研究目标、分析要素间关系、建立数学模型、系统最优化、系统评价五步展开，据此，结合异质情景下具有担保功能的众创平台融资系统运行过程中存在的相关问题，本书对异质情景下具有担保功能的众创平台融资系统的分析可按照确立研究目标、分析要素关系及系统运行机制、探究系统演化防范道德风险、设计激励契约提升运行效率、系统评价提出管理提升策略的逻辑主线展开。分析逻辑如图 2.6 所示。

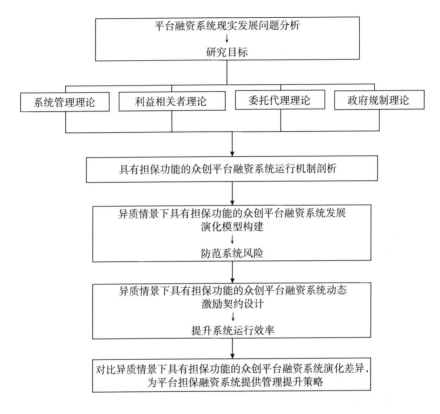

图 2.6 分析逻辑

2.3.2 异质情景下具有担保功能的众创平台融资系统的分析内容

（1）确定研究目标

由平台融资系统发展现状分析可知，我国大众投资者参与平台融资的积极性不高，这不利于实现社会资源的高效利用；通过剖析传统平台融资系统发展过程中遇到的问题，发现其系统运行机制存在明显缺陷，无法有效防范参与主体的机会主义行为，致使大众投资者的资本安全无法得到有效保障。基于此，本书中异质情景下具有担保功能的众创平台融资系统研究的目标为通过分析系统内各要素间的相互关系，并结合相关理论，建立异质情景下具有担保功能的众创平台融资系统分析框架，剖析融资系统的运行机制，在此基础上，探究异质情景下众创平台融资系统稳健性及演化机理，防范参与主体道德风险问题，通过设计动态激励契约提升系统运行的效率，最后通过对比异质情景下具有担保功能的众创平台融资系统的演化结果及系统评价为系统运行提供切实可行的管理提升策略。

（2）分析要素关系及系统运行机制

运行机制是引导和制约市场参与主体策略行为的基本准则及相应制度，分析系统基本运行机制是实现推动系统稳定运行的基本举措。分析系统运行机制首先需要厘清系统内各要素间的相互关系，本书将通过分析系统内要素间的相互关系，探究具有担保功能的众创平台融资系统的运行机制，为异质情景下具有担保功能的众创平台融资系统运行过程中的道德风险防范和动态激励契约设计奠定基础。该部分内容将于 2.4 部分呈现。

（3）分析行为关系，探究系统演化，防范道德风险

系统运行机制设计是为实现系统功能服务的，虽然为防范具有担保功能的众创平台融资系统运行过程中参与主体的道德风险问题提供了约束，然而参与主体仍然会存在机会主义行为。以政府监管与企业违规经营为例，政府通过监管可以发现并制止企业违规经营行为，然而政府监管需要支付监管成本，因此可能存在政府不监管和企业合规经营、政府不监管和企业违规经营这两种均衡。由此可见，系统运行机制的不断健全仅是对系统风险进行了约束，并不能完全消除系统中参与主体的道德风险问题。因此，必须在剖析系统运行机制基础上，探究具有担保功能的众创平台融资系统的演化问题，进而为规避系统中参与主体的道德风险行为提供策略启示，以期能够重新提振大众投资者参与平台融资的积极性。该部分内容将于第 3 章和第 4 章呈现。

（4）设计动态激励契约，提升系统运行效率

通过分析具有担保功能的众创平台融资系统内参与主体策略行为演化，虽然可以为防范道德风险问题提供启示，但市场经济主体的行为均是利益驱动的，因此有必要通过激励契约设计提升具有担保功能的众创平台融资系统的运行效率，进而提升系统内各方参与主体的预期收益，促进具有担保功能的众创平台融资系统向着更高质量的方向发展。该部分内容将于第 5 章和第 6 章呈现。

（5）系统评价，提出切实可行的管理提升策略

系统运行机制分析、系统演化分析和激励契约设计均是建立在理论模型基础

之上的，结论的落地才是实现具有担保功能的众创平台融资系统健康运行的根本。因此，必须对异质情景下具有担保功能的众创平台融资系统的演化差异及研究结论的可行性进行讨论，进而提出切实可行的具有担保功能的众创平台融资系统的管理提升策略。该部分内容将于第 3 章至第 6 章中的 6.5 部分及 6.6 部分呈现。

2.4 具有担保功能的众创平台融资系统运行机制设计

2.4.1 传统平台融资系统结构与运行机制缺陷

剖析传统平台融资系统结构与运行机制缺陷是优化具有担保功能的众创平台融资系统运行机制的重要基础。股权众筹和债务众筹都是很好的平台融资例子，虽然股权众筹同债务众筹在回报期望和回报形式上有所不同，但其系统结构和运行机制却有相似之处。网贷平台作为媒介为投融资双方提供金融信息服务，投资者根据网贷平台提供的信息筛选项目并进行投资，融资方向投资者定期返还本金和利息，网贷平台通过抽成获得盈利。然而，该模式中网贷平台虽然提供了金融信息服务，但投融资双方间存在着严重的信息不对称问题，且普通大众投资者不具备专业的投资技能，因此交易的质量无法得到有效的保障。为克服普通大众投资者不具备专业的投资技能，并降低投融资双方间的信息不对称问题，"领投+跟投"融资模式引入职业投资者为普通大众投资者提供领投服务。然而，职业投资者虽然应为大众投资者的投资安全负责，但是其所得额外奖励往往是融资方为达成交易提供的激励，这致使职业投资者存在机会主义行为，无法有效履行为大众投资者负责的义务。为改进传统的"领投+跟投"融资模式中职业投资者机会主义行为无法得到有效约束的问题，人们尝试设计并实践了担保机构担保交易模式，这一模式曾经被认为是最安全的互联网融资模式。然而，平台抽成式的盈利模式却忽略了对平台机会主义行为的约束问题，也无法形成对担保机构的有效约束，因此运行机制不健全成为根本原因。

2.4.2 传统平台融资系统与具有担保功能的众创平台融资系统对比

传统的平台融资模式通过引入职业投资人缓解了大众投资者不具备专业投资知识可能导致的投资风险问题，降低了大众投资者和融资方间的信息不对称问题。然而，职业投资人作为决策主体亦存在机会主义行为，且传统的"领投+跟投"融资模式并未形成对职业投资人的有效约束，致使大众投资者陷入更高的投资风险，并引发了挤兑问题。为克服这一问题，以 P2P 为代表的网贷平台纷纷转型为担保投资机构，以谋求新的发展机遇。转型后的担保投资机构不仅具备领投人职能，同时为所投项目提供担保服务，为大众投资者的资本安全负责，这在一定程度上形成了对担保投资机构的有效约束。担保投资机构引导大众投资者对双创项目进行投资并为大众投资者负责，以此从中获益，然而对于大众投资者而言，其相对于担保投资机构仍处于绝对的信息劣势，而双创主体的首要任务是激励领投引导大众投资者进而获得融资，但不会过多地考虑大众投资者的利益，致使担保投资机构的行为得不到专业监管。而在具有担保功能的众创平台融资系统中，众创平台作为双边平台，为投融资活动提供桥梁，众创平台不再是简单意义上的通过交易抽成获利的中介平台，而是参与到投融资活动中，根据交易的质量确定收益，这使众创平台可以更好地同时为投融资主体负责，同时可以形成对担保投资机构的有效监督。此时的担保投资机构需要接受也必须接受众创平台的监督。

因此，以众创平台为核心的具有担保功能的众创平台融资系统相较于传统的平台融资系统具有无可比拟的优势。这可以归结为：①众创平台深度参与了双创项目的孵化过程，因此众创平台可以更好地控制双创项目的运作；②众创平台的盈利模式并非以交易抽成为主，而是主要由双创项目的孵化结果来确定，因此众创平台有动力通过付出努力来提高双创项目的孵化效率和质量，这有利于降低投资者的投资风险；③众创平台所提供的待融资项目往往是经过一定时间培训的双创项目，且能够保证项目的实际存在；④担保投资机构同众创平台间往往达成了战略协议，担保投资机构既能优先获得优质项目的投资权，亦要承担提供尽职担保领投服务的义务，这可形成对担保投资机构的有效约束；⑤部分众创平台获得了政府的直接投资和扶持政策，提升了众创平台融资效率，降低了众创平台融资成本。

2.4.3 具有担保功能的众创平台融资系统奖惩机制、罚金转移支付机制和双向激励机制设计

不可否认，具有担保功能的众创平台融资系统虽然较传统融资系统具有无可比拟的优势，但系统中各方参与主体间依然存在着委托代理冲突，而且，众创平台、担保投资机构、大众投资者，乃至参与系统治理的政府均存在机会主义行为。

为防范具有担保功能的众创平台融资系统参与主体间道德风险问题，提升融资系统稳健性和运行效率，本书将在具有担保功能的众创平台融资系统已有运行机制基础上，设计并引入奖惩机制、罚金转移支付机制和双向激励机制，并在具有担保功能的众创平台融资系统演化机理分析和动态激励契约设计分析过程中检验其价值。下面对所设计机制进行简要论述，具体内容将在具有担保功能的众创平台融资系统演化机理分析和动态激励契约设计分析过程中展开讨论。

（1）奖惩机制

灵活便利的策略工具可为核心主导者引导融资系统发展方向提供助力。奖励往往能为被奖励者提供积极参与项目的动力，通过奖励一定程度上可以降低参与主体的机会主义行为，但不能形成有效规制。惩罚虽然可以对参与主体由机会主义行为引发的道德风险问题形成震慑，却也可能直接导致参与主体推出融资活动，无法有效提升融资系统活力。因此，奖励和惩罚能否合理利用将是决定系统演化的重要因素。为此，本书引入并讨论奖惩机制对具有担保功能的众创平台融资系统演化的影响机理。本书中的奖惩机制适用对象具体指的是众创平台对担保投资机构、政府对众创平台这两对关系。本书中所指奖惩并非纯粹意义上的资本奖惩，亦可能为某种权利，比如针对市场机制下担保投资机构机会主义行为，众创平台可以为提供尽职担保领投服务的担保投资机构提供奖励或优先投资权；通过限制担保投资机构参与融资、取消担保投资机构优先投资权或处以罚金的形式约束担保投资机构机会主义行为；针对政府规制下担保投资机构机会主义行为，政府可以通过奖励鼓励担保投资机构带领大众投资者参与众创平台融资，同时赋予担保投资机构相应的权利和义务，通过惩罚降低政府财政损失，同时迫使担保投资机构带领大众投资者参与众创平台融资。

（2）罚金转移支付机制

在以担保投资机构为代表的异质投资者同众创平台间的委托代理过程中，众

创平台存在的违规使用投资者资金等问题致使投资者对众创平台产生极大的不信任问题，这将严重抑制投资者同众创平台间的投融资活动。政府参与监督治理为投资者的资本安全提供了保险，但若政府将众创平台违规收益以没收形式处理，虽然对众创平台违规行为起到了警示作用，但是否能够提升投资者参与众创平台融资的积极性有待商榷。因此，为了有效提升投资者参与众创平台融资的积极性，本书设计并引入罚金转移支付机制，探讨其对具有担保功能的众创平台融资系统演化的影响机理。本书中的罚金转移支付机制简单来说就是：当众创平台违规挪用投资者资金并获得投资者所不知的收益时，政府将对众创平台进行处罚，并将罚金部分转移支付予投资者以弥补投资者损失，同时保留部分处罚以降低政府监管成本。运行机制如图 2.7 所示。

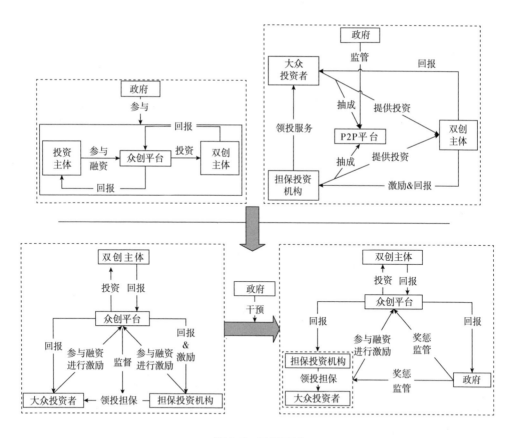

图 2.7　运行机制

（3）双向激励机制

具有担保功能的众创平台融资系统运行过程中存在着双向委托问题。在由担保投资机构、大众投资者和众创平台三方参与主体构成的众创平台融资系统中，担保投资机构与大众投资者寄希望于众创平台通过互联网技术及社会网络优势，为二者搜寻相对安全且成长前景较高的优质项目；而众创平台为实现交易的达成，往往会委托担保投资机构提供领投服务，吸引大众投资者投资，此时便涉及众创平台对担保投资机构的委托代理问题，形成了众创平台与担保投资机构间的双向委托问题。因此，针对双向委托问题，必须引入相关参与主体间的双向激励机制，以提升融资系统运行效率，否则单向的激励势必将导致另一委托关系的低效率。本书中的双向激励具体是指众创平台同担保投资机构间的双向激励问题。通过这些措施，可以有效地解决众创平台融资系统中的双向委托问题，提升系统的运行效率，促进众创平台与众创空间内创业企业的共赢发展。

2.5 本章小结

本章首先对具有担保功能的众创平台融资系统中的相关概念及问题进行了界定。其次结合系统管理理论、利益相关者理论、委托代理理论、市场调节与政府规制理论及过度自信理论，设计了异质情景下具有担保功能的众创平台融资系统的分析框架。最后剖析了具有担保功能的众创平台融资系统的运行机制，研究发现，以抽成方式盈利的融资平台显然无法形成对系统内其他参与者主体机会主义行为的有效约束，而众创平台深度参与了投融资主体间的投融资过程，且其盈利同交易质量挂钩，有利于提升系统运营的稳定性；在此基础上，为提升融资系统运行的稳定性和效率，设计并引入了罚金转移支付、参与主体间双向激励、主导核心的奖惩等机制。本章所做研究为探究异质情景下具有担保功能的众创平台融资系统的演化机理，提取影响系统稳定性的关键因素，设计异质情景下具有担保功能的众创平台融资系统动态激励契约奠定了坚实基础。研究发现，传统的以抽成方式盈利的融资平台在约束系统内其他参与者的机会主义行为方面存在明显不足。与此相对，众创平台由于其深度参与投融资过程，并且其盈利与交易质量直接相关，因此更有利于提升系统运营的稳定性。这一发现为优化融资系统的设计提供了重要启示。本章的研究成果为深入探究异质情景下具有担保功能的众创平台融资系统的演化机理提供了理论支撑。通过识别和提取影响系统稳定性的关键因素，本章研究为设计异质情景下具有担保功能的众创平台融资系统动态激励契约奠定了坚实基础。综上所述，本章的研究不仅为理解和改进具有担保功能的众创平台融资系统提供了新的视角和方法，也为相关政策制定者和实践者提供了有价值的参考和启示。

3 市场机制下众创平台融资系统演化分析

市场机制下具有担保功能的众创平台融资系统运行过程中，政府间接为众创平台融资提供基础服务，并不直接干预众创平台融资过程。为研究市场机制下具有担保功能的众创平台融资系统的演变规律，本章首先对市场机制下具有担保功能的众创平台融资问题及研究现状进行了梳理，探究了市场机制下具有担保功能的众创平台融资系统中参与主体间的策略行为关系。其次，构建了市场机制下具有担保功能的众创平台融资系统演化博弈模型，分析了系统演化的稳定性。再次，通过系统仿真实验分别对众创平台奖惩机制设计和各参与主体初始意愿对各主体行为策略演化的影响进行了模拟与讨论。最后，提出了有利于规避市场机制下具有担保功能的众创平台融资系统发展风险的管理策略。

3.1 市场机制下众创平台融资系统中策略行为关系分析

双创战略的实施为双创主体的创新创业活动提供了施展的舞台，进一步推动了中国经济的可持续发展，为赋能中国经济提供了充沛动力[149]。为推进双创战略的实施，社会各界共同努力，通过产学研协同等形式取得了丰硕的成果[150]。然而，当前双创战略的推进却遭遇了融资困境，表面上，这是由于大众创新创业需要海量资金支持和先期网贷平台大规模爆雷导致的投资者投资趋于谨慎所致，实际上这是由平台融资体系不健全、模式不合理、信息传递不畅通、缺乏合理评估等多种原因综合所致[151,152]。因此，为了提升市场机制下具有担保功能的众创平台融资系统的融资效率，就必须规避具有担保功能的众创平台融资系统运行过程中的各参与主体的道德风险问题，探究市场机制下具有担保功能的众创平台融资系统的演变规律。

当前，平台内企业的融资多是由平台引入风险投资机构来完成的，然而，风险投资机构的投资行为相对谨慎，根本无法满足多数双创主体的融资需求[153]；部分平台会通过引入信托基金的形式完成融资，该形式在一定程度上降低了投资主体的风险，然而该形式下平台亦要承担一定的风险，且由于收益不佳逐渐退出了平台融资渠道。上述融资模式虽未能彻底解决众创平台融资困境，却为众创平台融资模式创新奠定了基础。在上述融资模式的基础上，基于互联网技术的网络金融模式 2015 年席卷中国，当年成交额同比增长 258.62%，达到 11805.65 亿元。网络金融模式利用互联网技术打通了投资者和双创主体的链接渠道，提高了双创主体的融资效率和社会资金的利用率，在一定程度上遏制了高利贷的滋生和蔓延，有利于经济发展和社会稳定。同时，由于网络金融是基于互联网技术的融资模式，交易信息可查，这也为政府监管带来了便利。因此，网络金融模式为掌握大量优质创新创业资源的众创平台融资提供了契机，随着中国"大众创业、万众创新"战略的不断推进，网络金融正在面临着前所未有的发展机遇，其价值与意义将得到进一步彰显。

然而，网络金融模式亦存在着致命的缺陷，大量借贷企业为了获得资金挂出了企业自身无法支付的利息，最终导致了借贷企业携款潜逃，甚至借贷平台因资金挤兑而倒闭[154]。有数据显示，截至 2020 年 3 月 31 日，全国网贷平台累计 5000 家退出，实际在运营仅剩 139 家；借贷余额下降 75%、出借人数下降 80%、借款人数下降 62%①。虽然网贷平台投融资模式最后以失败告终，但是以网贷平台为依托的网络金融和以众创平台为依托的网络金融存在着本质上的区别：①众创平台所服务的双创主体是实实在在存在的；②双创主体不同程度地掌握着创业项目或创新技术；③双创主体的双创活动在政用产学研系统的支持下发展更具稳健性。因此，以众创平台为依托的网络金融模式更能适应社会发展的需要。但是，众创平台尝试网络融资时，以网贷平台为依托的网络金融失败的经验教训不得不引以为鉴。当前，仅存的 139 家在运营网贷平台多以

---

① 袁璐. 互金整治全国近 5000 家出局，在营网贷仅剩 139 家. https：//baijiahao. baidu. com/s？id = 1664995788694272720&wfr = spider&for = pc. 2020−04−26

担保机构担保交易为主，且担保机构参与投融资过程，在一定程度上带有职业投资者角色，带动了大众投资者的投资积极性[37]，可以为众创平台融资提供有益借鉴。

在具有担保功能的众创平台融资系统运行过程中，担保机构除了具有担保职能外，也会向双创主体投资，带有领投人的职能，此时的担保机构被称为"担保投资机构"，因此，担保投资机构和社会中的大众投资者共同构成了具有担保功能的众创平台融资系统的资金来源；又由于担保投资机构和大众投资者在掌握的信息优劣问题上存在着巨大的差距[155]，且担保投资机构和大众投资者在众创平台融资过程中的角色定位和功能等存在显著差异，因此，担保投资机构和大众投资者这一对异质投资主体间必然存在着合作与博弈问题[156]。具有担保功能的众创平台融资系统运营过程中，担保投资机构应当为大众投资者提供详尽的企业调研报告和投资分析报告，如企业前景、预期收益、投资风险等报告，履行为大众投资者尽职服务的义务。但是，在机会主义和利益诱导的驱使下[157]，担保投资机构所出具的报告存在避重就轻、蛊惑投资等风险[158]。传统网络融资模式中，借贷平台仅需为投融资双方提供信息服务和接洽，从中抽取分成，不对风险负责，致使借贷平台忽视了对交易监督、监管的问题，使借贷平台在融资过程中存在严重的治理缺位现象。由于奖惩是监管最好的接力棒，可以为平台监管留有可操作的余地[159,160]，因此，具有担保功能的众创平台融资系统必须在平台有效监管的基础上，建立完善的奖惩机制，以保证具有担保功能的众创平台融资系统的健康运行，进而为双创战略的推进建立坚强有力的具有担保功能的众创平台融资系统，服务于双创主体的双创活动。

为了实现市场机制下具有担保功能的众创平台融资系统可以为双创战略推进提供坚强有力的资本支持，本章剖析市场机制下具有担保功能的众创平台融资系统模式中的委托代理关系。在市场机制下具有担保功能的众创平台融资系统中，最为重要的参与主体包括众创平台、担保投资机构及大众投资者。其中，众创平台对融资交易进行监管、及时发布相关信息，并建立完善的奖惩机制[161]，是维系具有担保功能的众创平台融资系统正常运转的重要保障；担保投资机构对双创主体评估并进行担保投资，是吸引大众投资者参与投资的基础[162]；大众投资者参与众创平台融资，使大量的社会闲散资金进入市场，大大缓解了众创平台融资困境[163]。综上可知，在具有担保功能的众创平台融资系统运行过程中，参与主体间存在着复杂的委托代理关系。一是双创主体、众创平台、大众投资者均与担保投资机构产生了委托代理关系，但存在着异质委托问题[164]，平台和双创主体期望担保投资机构进行担保，促成最终的交易，在这里，双创主体更在乎交易是否能够完成，平台则对担保投资机构存在双重委托[115,165]，对交易能够完成和风险是否可控均较为关注；而大众投资者则更关注风险是否可控和预期回报是否合理。二是担保投资机构和大众投资者与众创平台产生了委托代理关系，亦存在着异质委托问题，由于众创平台一般为相对权威机构，具备信息优势，因此担保投资机构在对双创主体调研评估后，寄希望于众创平台能够促成担保投资机构和大众投资者对双创主体的联合投资；而大众投资者则期望众创平台能够对担保投资机构进行监督、监管，对违规或弄虚作假行为进行惩罚，以防范担保投资机构与双创主体串谋可能造成的投资风险问题。因此，针对具有担保功能的众创平台融资系统模式中的复杂委托代理关系，有必要构建相应的委托代理分析框架，以辅助分析具有担保功能的众创平台融资系统的演变规律。

现有理论中，源于20世纪90年代的演化博弈理论放松了"理性人"假设，该研究范式为研究市场机制下具有担保功能的众创平台融资系统运行过程中参与主体的行为策略演化提供了良好的理论方法[166]。Lin等研究了无标度网络下人类创新行为的演化路径[167]，揭示了影响人类创新行为的各影响因素对人类创新行为的影响机理。曹柬等基于演化博弈理论对绿色制造企业运营模式的演化进行了分析，并对监管者行为在模式演化中的作用进行了探讨[168]。徐建中等研究了政府行为对企业绿色创新模式演化的影响[169]，他们发现，政府不同规制行为对企业绿色创新模式的演化影响存在差异。张建平等通过对个体—环境匹配理论的学习发现，博弈中的参与主体的行为决策不仅受到彼此间策略的相互影响，同时受到外界环境的间接影响[170]。与此同时，行为—意愿理论提到[171]，博弈中的参与主体的行为策略演化除受到外界环境影响、相互策略影响外，更受到系统初始状态的影响，系统初始状态将影响系统中各参与主体行为策略的演化方向和演化速度。基于该理论，单纯和梁培培在契约缔结研究中发现，决策者初始意愿对契约缔结速度具有显著影响[172]；而付江月和陈刚在企业扶贫问题研究中发现，系统的初始状态对演化结果的方向亦具有显著影响[173]。

上述研究内容对市场机制下具有担保功能的众创平台融资系统演化路径研究

具有重要借鉴意义，但仍存在以下三点不足：一是现有研究多集中于模式探索和风险防范设计等内容，在未厘清具有担保功能的众创平台融资系统模式中的复杂委托代理关系背景下，鲜有学者研究参与主体行为策略的动态演化问题。二是社会各界将网贷平台爆雷问题归因于政府和平台监管不力，忽视了奖惩机制设计对系统风险防范和参与主体的激励约束作用。三是对基于网络的融资系统，融资方存在低成本潜逃动机，但是部分学者片面地认为严苛的监管和严厉的惩罚措施可以有效防范系统性风险，却忽视了系统初始状态对系统演化的影响。基于此，本章将厘清具有担保功能的众创平台融资系统中的委托代理关系，进而构建三方参与主体行为策略的演化博弈模型，通过将担保投资机构、大众投资者、众创平台的三方初始意愿、奖惩机制引入模型设计[174]，刻画分析系统的演变规律，分析三方参与主体的行为策略演化过程，为具有担保功能的众创平台融资系统的健康发展和风险防范提供指导。本章既是对已有成果的借鉴，也是对多参与主体演化博弈理论的拓展与应用。

3.2 市场机制下众创平台融资系统演化博弈模型构建

3.2.1 问题描述

考虑在一个带有奖惩机制设计的市场机制下的具有担保功能的众创平台融资系统，系统运行过程中，众创平台收益与交易质量挂钩，因此众创平台有意愿对系统交易进行监督与奖惩。此外，系统运行过程中还存在如下几方面问题：

（1）委托代理关系

市场机制下具有担保功能的众创平台融资系统运行过程中，存在着两对异质委托代理关系和一对双重委托代理关系（如图 3.1 所示，箭头指向即委托关系）。异质委托代理关系一：担保投资机构和大众投资者对众创平台的异质委托，担保投资机构寄希望于众创平台积极作为，促使交易达成；而大众投资者则寄希望于众创平台能够对担保投资机构进行监督、监管，对违规或弄虚作假行为进行惩罚，以防范担保投资机构与双创主体串谋可能造成的投资风险。异质委托代理关系二：众创平台和大众投资者对担保投资机构的异质委托，大众投资者寄希望于担保投资机构提供尽职服务，降低投资风险；而众创平台对担保投资机构存在双重委托（具体如下文双重委托代理关系所示）。双重委托代理关系：第一重为众创平台委托担保投资机构，通过担保投资吸引大众投资者，进而促使交易达成；第二重为众创平台委托担保投资机构为大众投资者提供尽职服务，避免大众投资者盲目投资，以降低投资风险。

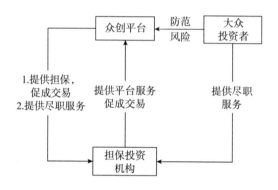

图 3.1 市场机制下具有担保功能的众创平台融资系统中的委托代理关系

（2）不同参与主体决策量

市场机制下具有担保功能的众创平台融资系统运行过程中，各方参与主体关注的重点问题为：①大众投资者是否参与众创平台融资，由于大众投资者参投与否决定了众创平台是否能够融资成功，因此该部分所要研究的大众投资者的决策量为参投或不参投；②担保投资机构是否为大众投资者提供尽职服务，由于担保投资机构提供尽职服务与否决定了大众投资者的资本能否得到有效增值和保障，因此本章所要研究的担保投资机构的决策量为尽职或不尽职；③众创平台是否积极对担保投资机构的担保领投服务进行监管，将对担保投资的机会主义行为产生影响，并最终决定大众投资者的资本能否得到有效保障，因此，本章所要研究的众创平台的决策量为积极作为或消极作为。

（3）有限理性问题

不同参与主体决策行为间形成了博弈关系，然而，"人无完人"，市场机制下具有担保功能的众创平台融资系统的参与主体亦仅能在有限理性的条件下进行博弈。在有限理性的条件下，结果比平均水平好的策略将被决策主体逐渐采用。各类平台融资系统中的各方参与主体的行为决策亦存在这一学习演化现象，以网贷平台为例，在网贷平台发展初期，投资者在参与融资时普遍获得了较高的投资回报，越来越多的投资者参与网贷平台提供的投融资活动，且投资者参与意愿逐步提升。而当网贷平台出现大规模爆雷后，投资者发现网贷平台的借贷风险，继续参与网络借贷的结果不再优于其他盈利方式，此时投资者的行为策略逐渐演变为撤资。

3.2.2　模型假设与构建

不失一般性，为探究市场机制下具有担保功能的众创平台融资系统的演变机理，有如下模型假设：

假设 3.1：视众创平台、担保投资机构、大众投资者构成具有担保功能的众创平台融资系统，系统中的三方参与主体均为有限理性个体。记大众投资者参与跟投、担保投资机构尽职服务、众创平台积极作为的概率分别为 x、y、z，且 x，y，$z \in [0, 1]$，均为时间 t 的随机函数；记大众投资者参与跟投、担保投资机构尽职服务、众创平台积极作为的初始意愿分别为 x_0、y_0、z_0，随着时间的推移，三方策略动态调整。

假设 3.2：具有担保功能的众创平台融资系统中的三方参与主体签订相关权责契约。担保投资机构有义务向大众投资者提供真实、详尽的尽职服务，对于担保投资机构不尽职行为一旦被查处，平台有权对担保投资机构进行处罚；担保投资机构的不尽职问题只有在众创平台积极作为时才能被发现。

假设 3.3：大众投资者不参投的情形下，众创平台项目融资失败，担保投资机构对双创主体的调研评估成本 c_1 无法收回，大众投资者依然可以凭借所持有资金获得一定的保留收益 $\overline{\pi}_{FI}$。

假设 3.4：大众投资者参投的情形下，众创平台项目融资成功，平台可以直接获得 v 单位的投融资接洽服务报酬。参考刘新民等模型设计方法，此时，若担保投资机构未向大众投资者提供尽职服务，大众投资者可以获得 $b_2 (b_2 < \overline{\pi}_{FI})$ 单位的投资回报，该回报小于大众投资者不参投时的保留收益，而担保投资机构可以获得 a_2 单位的净收益；若担保投资机构向大众投资者提供尽职服务，大众投资者可以获得 $b_1 (b_1 > \overline{\pi}_{FI})$ 单位的投资回报，担保投资机构可获得 $a_1 - c_1 (a_1 - c_1 <$

a_2）单位的净收益。设置 $a_1-c_1<a_2$ 是由于此时担保投资机构方才具备投机动机，当 $a_1-c_1>a_2$ 时，担保投资机构一定会提供尽职服务，不具备研究意义。

假设 3.5：由于众创平台是基于互联网技术为双创主体提供融资服务，且消极作为时成本相对较低，因此，成本不计；但是，当众创平台积极作为时对系统内交易活动进行监管，积极作为成本为 c_3，但在融资交易达成时可以为众创平台带来 s_1 单位的平台信誉价值。由众创平台设置奖惩规则，记众创平台对交易达成时未能履行尽职义务的担保投资机构处以 ϑ 单位的罚金，对履行尽职义务的担保投资机构予以 δ_1 单位的奖励，该部分奖励在融资交易结束后由双创主体支付。相关参数符号及含义如表 3.1 所示。

表 3.1　参数符号及含义：市场机制下众创平台融资系统演化博弈模型

符号	含义	符号	含义
$\overline{\pi}_{FI}$	大众投资者保留收益	v	众创平台服务收益
b_2	未获得尽职服务的大众投资者投资收益	a_2	担保投资机构投机收益
b_1	获得尽职服务的大众投资者投资收益	c_1	担保投资机构服务成本
c_3	众创平台积极作为成本	a_1	担保投资机构服务时毛收益
s_1	交易达成时积极作为的众创平台额外收益	ϑ	众创平台对担保投资机构投机罚金
δ_1	众创平台对担保投资机构服务奖励		

市场机制下具有担保功能的众创平台融资系统中众创平台、担保投资机构、大众投资者三方参与主体演化博弈支付矩阵，如表 3.2 所示。

表 3.2　三方博弈支付矩阵：市场机制下众创平台融资系统演化博弈模型

平台策略		积极作为（监管）			消极作为（不监管）		
大众投资者策略	担保投资机构策略	PI 支付	OI 支付	EC 支付	PI 支付	OI 支付	EC 支付
参投	尽职	$a_1-c_1+\delta_1$	b_1+r_1	$v+s_1-c_3$	a_1-c_1	b_1	v
参投	不尽职	$a_2-\vartheta$	b_2	$v+\vartheta-c_3$	a_2	b_2	v
不参投	尽职	$-c_1$	$\overline{\pi}_{FI}$	$-c_3$	$-c_1$	$\overline{\pi}_{FI}$	0
不参投	不尽职	0	$\overline{\pi}_{FI}$	$-c_3$	0	$\overline{\pi}_{FI}$	0

由问题描述可知，市场机制下具有担保功能的众创平台融资系统中的参与主体的行为决策符合复制动态机制，因此复制动态动力系统的构建，不失为探究市

场机制下具有担保功能的众创平台融资系统演变机理的有效方法。由众创平台、担保投资机构、大众投资者三方参与主体博弈支付矩阵可知：

1）参投时大众投资者期望收益为：

$$E_x = yb_1 + yzr_1 + (1-y)b_2$$

不参投时大众投资者期望收益为：

$$E_{1-x} = \overline{\pi}_{FI}$$

大众投资者复制动态方程为：

$$U(x) = \frac{dx}{dt} = x(1-x)\left[yb_1 + yzr_1 + (1-y)b_2 - \overline{\pi}_{FI}\right] \tag{3.1}$$

2）尽职时担保投资机构期望收益为：

$$E_y = xa_1 + xz\delta_1 - c_1$$

不尽职时担保投资机构期望收益为：

$$E_{1-y} = xa_2 - xz\vartheta$$

担保投资机构复制动态方程为：

$$U(y) = \frac{dy}{dt} = y(1-y)\left[x(a_1 - a_2) + xz(\delta_1 + \vartheta) - c_1\right] \tag{3.2}$$

3）积极作为时平台期望收益为：

$$E_z = xm + xys_1 + x(1-y)\vartheta - c_3$$

消极作为时平台期望收益为：

$$E_{1-z} = xm$$

众创平台复制动态方程为：

$$U(z) = \frac{dz}{dt} = z(1-z)\left[xys_1 + x(1-y)\vartheta - c_3\right] \tag{3.3}$$

3.3 市场机制下众创平台融资系统演化博弈模型分析

3.3.1 三维复制动力系统的雅可比矩阵

将式（3.1）~式（3.3）联立，可以得到具有担保功能的众创平台融资系统中三方参与主体，众创平台、担保投资机构、大众投资者的复制动力系统式（3.4）：

$$\begin{cases} U(x)=\dfrac{dx}{dt}=x(1-x)\left[yb_1+yzr_1+(1-y)b_2-\overline{\pi}_{FI}\right] \\[2mm] U(y)=\dfrac{dy}{dt}=y(1-y)\left[x(a_1-a_2)+xz(\delta_1+\vartheta)-c_1\right] \\[2mm] U(z)=\dfrac{dz}{dt}=z(1-z)\left[xys_1+x(1-y)\vartheta-c_3\right] \end{cases} \quad (3.4)$$

复制动力系统的演化稳定均衡解可通过雅可比矩阵的局部稳定性分析给出（Friedman，1991）[189]。式（3.4）的雅可比矩阵如矩阵式（3.5）所示。

$$J=\begin{bmatrix} (1-2x)\begin{bmatrix} yb_1+yzr_1-\overline{\pi}_{FI}+ \\ (1-y)b_2 \end{bmatrix} & x(1-x)(b_1+zr_1-b_2) & x(1-x)\begin{bmatrix} y(b_1+r_1)+ \\ (1-y)b_2 \end{bmatrix} \\ y(1-y)\left[a_1-a_2+z(\delta_1+\vartheta)\right] & (1-2y)\begin{bmatrix} x(a_1-a_2)-c_1+ \\ xz(\delta_1+\vartheta) \end{bmatrix} & y(1-y)x(\delta_1+\vartheta) \\ z(1-z)\left[ys_1+(1-y)\vartheta\right] & z(1-z)(xs_1-x\vartheta) & (1-2z)\begin{bmatrix} xys_1-c_3+ \\ x(1-y)\vartheta \end{bmatrix} \end{bmatrix}$$

$$(3.5)$$

在市场机制下具有担保功能的众创平台融资系统的复制动力系统式（3.4）中，令 $U(x)=U(y)=U(z)=0$ 同时成立，可以得到复制动力系统式（3.4）的 9 个稳定均衡点。根据演化博弈理论可知，复制动力系统的演化稳定点（Evolutionary Stability Set，ESS）满足雅可比矩阵的所有特征值非正条件。

3.3.2 均衡点的稳定性分析

本书首先分析了均衡点 $E_1(0,0,0)$ 处的具有担保功能的众创平台融资系统的稳定性，此时的雅可比矩阵为：

$$J_1=\begin{bmatrix} b_2-\overline{\pi}_{FI} & 0 & 0 \\ 0 & -c_1 & 0 \\ 0 & 0 & -c_3 \end{bmatrix}$$

可知，J_1 的特征值为 $\lambda_1=b_2-\overline{\pi}_{FI}$；$\lambda_2=-c_1$；$\lambda_3=-c_3$。同理，将剩余 8 个均衡点代入雅可比矩阵式（3.5），得到均衡点分别对应的雅可比矩阵的特征值如表 3.3 所示。

表 3.3 雅可比矩阵的特征值

均衡点	特征值 λ_1	特征值 λ_2	特征值 λ_3
$E_1(0, 0, 0)$	$b_2-\overline{\pi}_{FI}$	$-c_1$	$-c_3$
$E_2(0, 0, 1)$	$b_2-\overline{\pi}_{FI}$	$-c_1$	c_3
$E_3(0, 1, 0)$	$b_1-\overline{\pi}_{FI}$	c_1	$-c_3$
$E_4(0, 1, 1)$	$b_1+r_1-\overline{\pi}_{FI}$	c_1	c_3
$E_5(1, 0, 0)$	$\overline{\pi}_{FI}-b_2$	$a_1-a_2-c_1$	c_3
$E_6(1, 0, 1)$	$\overline{\pi}_{FI}-b_2$	$\delta_1+\vartheta+a_1-a_2-c_1$	$c_3-\vartheta$
$E_7(1, 1, 0)$	$\overline{\pi}_{FI}-b_1$	$c_1+a_2-a_1$	s_1-c_3
$E_8(1, 1, 1)$	$\overline{\pi}_{FI}-b_1-r_1$	$a_2+c_1-a_1-\delta_1-\vartheta$	c_3-s_1
$E_9(x^*, y^*, z^*)$	鞍点（不作讨论）		

由于模型中的参数多且复杂，为便于分析不同均衡点处复制动力系统的稳定性，且不失一般性，因此，下面分两种情形对演化博弈稳定策略进行讨论（见表 3.4）。

表 3.4 不同情形下均衡点局部稳定性

均衡点	情形 1				情形 2			
	λ_1	λ_2	λ_3	稳定性	λ_1	λ_2	λ_3	稳定性
$E_1(0, 0, 0)$	−	−	−	ESS	−	−	−	ESS
$E_2(0, 0, 1)$	−	−	+	非稳定点	−	−	+	非稳定点
$E_3(0, 1, 0)$	+	+	−	非稳定点	+	+	−	非稳定点
$E_4(0, 1, 1)$	+	+	+	鞍点	+	+	+	鞍点
$E_5(1, 0, 0)$	+	+	+	鞍点	+	+	+	鞍点
$E_6(1, 0, 1)$	+	+	+	非稳定点	+	+	+	非稳定点
$E_7(1, 1, 0)$	−	−	+	非稳定点	−	−	−	ESS
$E_8(1, 1, 1)$	−	−	−	ESS	−	−	+	非稳定点
$E_9(x^*, y^*, z^*)$	$DetJ<0 \cap TrJ=0$			鞍点	$DetJ<0 \cap TrJ=0$			鞍点

情形 1：当 $s_1>c_3$ 时，即若众创平台融资成功，众创平台采取积极作为策略所获得的声誉价值大于众创平台采取积极作为策略投入的成本时，由表 3.3 可以

看出均衡点 $E_1(0, 0, 0)$ 和 $E_8(1, 1, 1)$ 所对应的雅可比矩阵的特征值均非正，此时系统有两个演化稳定策略子集 $(0, 0, 0)$ 和 $(1, 1, 1)$，其对应的演化稳定策略分别为（不参投、不尽职、消极作为）和（参投、尽职、积极作为）。

情形 2：当 $s_1 < c_3$ 时，即若众创平台融资成功，众创平台采取积极作为策略所获得的信誉价值小于众创平台采取积极作为策略投入的成本时，由表 3.4 可以看出均衡点 $E_1(0, 0, 0)$ 和 $E_8(1, 1, 0)$ 所对应的雅可比矩阵的特征值均非正，此情形下系统有两个演化稳定策略子集 $(0, 0, 0)$ 和 $(1, 1, 0)$，其对应的演化稳定策略分别为（不参投、不尽职、消极作为）和（参投、尽职、消极作为）。

3.4　市场机制下众创平台融资系统演化仿真分析

通过 MATLAB 软件，分别对市场机制下众创平台奖惩机制设计和各参与主体初始意愿对各主体行为策略演化的影响进行模拟与讨论。借鉴万晓榆等（2018）[175] 在移动应用安全治理研究中和刘新民等（2019）在碳排放[176]、企业绿色创新（曲薪池等，2019）[177] 系统中对初始状态参数的设置方法，结合市场机制下具有担保功能的众创平台融资系统的发展实际，分别将大众投资者初始参投意愿、担保投资机构初始尽职意愿、众创平台初始积极作为意愿分别设定为低、中、高三个水平，并统一记作 x_0，y_0，$z_0 = \Omega(0.2, 0.5, 0.8)$。在此基础上，拟定其他相关参数（$a_1 = b_1 = s_1 = 2$，$c_1 = c_3 = 1.5$，$\overline{\pi_{FI}} = 1$），数值模拟奖惩机制下具有担保功能的众创平台融资系统的演化路径。

3.4.1　三方初始意愿、平台奖励水平与系统演化

取 $\delta_1 = \Omega(1, 2, 3)$ 分别对应众创平台对担保投资机构奖励水平的低、中、高三个水平。系统中三方参与主体的行为策略演化轨迹如图 3.2~图 3.7 所示。

（1）三方初始意愿、平台奖励水平与担保投资机构行为策略演化

由图 3.2 和图 3.3 可知，在担保投资机构初始尽职意愿值处于较低水平情景下（$y_0 = 0.1$），担保投资机构的最终行为策略均向不尽职方向演化。而在担保投资机构初始尽职意愿值处于中等水平情景下（$y_0 = 0.5$），担保投资机构行为策略演化方向出现显著分化。其中，当大众投资者初始参投意愿和众创平台初始积极

作为意愿均小于等于中等水平时（$x_0 \leqslant 0.5$，$z_0 \leqslant 0.5$），担保投资机构最终行为策略将向不尽职方向演化；但当大众投资者初始参投意愿与众创平台初始积极作为意愿处于较高水平时（$x_0 = 0.9$，$z_0 = 0.9$），且平台奖励处于中高水平时（$\delta_1 \geqslant 2$），担保投资机构最终行为策略将向尽职方向演化。在担保投资机构初始尽职意愿值处于较高水平的情景下（$y_0 = 0.9$），担保投资机构最终行为策略演化方向分化明显。其中，当大众投资者初始参投意愿较低时（$x_0 = 0.1$），当且仅当平台奖励处于较高水平时（$\delta_1 = 3$），担保投资机构最终行为策略向尽职方向演化；平台处于中低水平时（$\delta_1 \leqslant 2$），担保投资机构最终行为策略向不尽职方向演化。当众创平台初始积极作为意愿较低时（$z_0 = 0.1$），担保投资机构最终行为策略向不尽职方向演化。当大众投资者初始参投意愿处于中高水平时（$x_0 \geqslant 0.5$），抑或众创平台初始积极作为意愿处于中高水平时（$z_0 \geqslant 0.5$），担保投资机构最终行为策略均向尽职方向演化。

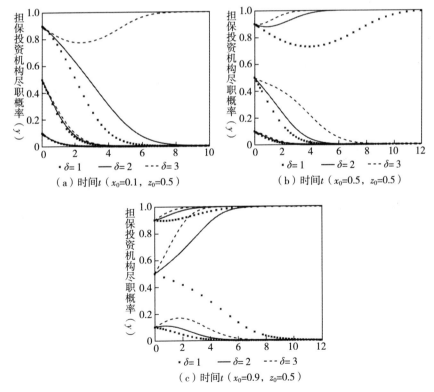

图3.2　担保投资机构、大众投资者不同初始意愿与

平台不同奖励水平下担保投资机构行为策略演化

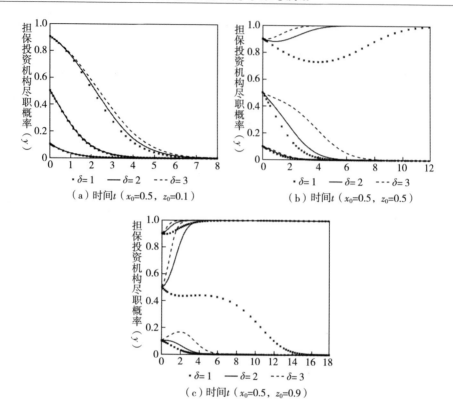

**图 3.3 担保投资机构、平台不同初始意愿与平台不同奖励
水平下担保投资机构行为策略演化轨迹**

从图 3.2 和图 3.3 中可以发现，仅当担保投资机构初始尽职意愿、大众投资者初始参投意愿、众创平台初始积极作为意愿均处于相对中等水平时，平台奖励对担保投资机构行为策略演化存在显著影响，而当担保投资机构初始尽职意愿、大众投资者初始参投意愿、众创平台初始积极作为意愿均处于较低或较高水平的情景下，平台奖励对担保投资机构行为策略演化影响不显著。

（2）三方初始意愿、平台奖励水平与大众投资者行为策略演化

由图 3.4 和图 3.5 可知，当大众投资者初始参投意愿较低时（$x_0 = 0.1$），担保投资机构初始尽职意愿和众创平台初始积极作为意愿的增加虽减缓了大众投资者行为策略向不参投方向演化的速度，但并不能使大众投资者的行为策略向参投方向演化。当大众投资者初始参投意愿处于中等水平时（$x_0 = 0.5$），随着担保投资机构初始尽职意愿和众创平台初始积极作为意愿的增加，大众投资者的行为策

略向不参投方向演化的速度放缓，且当担保投资机构初始尽职意愿达到较高水平时（$y_0 = 0.9$），抑或众创平台初始积极作为意愿达到较高水平时（$z_0 = 0.9$，平台奖励较低时 $\delta_1 = 1$ 除外），大众投资者的最终行为策略向参投方向演化。当大众投资者初始参投意愿处于较高水平时（$x_0 = 0.9$），若担保投资机构初始尽职意愿和众创平台初始积极作为意愿处于较低水平（$y_0 = 0.1$，$z_0 = 0.1$），初始参投意愿较高的大众投资者的行为策略终将向不参投方向演化。若担保投资机构初始尽职意愿和众创平台初始积极作为意愿均处于中等水平（$y_0 = 0.5$，$z_0 = 0.5$），如果平台奖励可以达到中高水平（$\delta_1 = 2, 3$），则大众投资者的行为策略将向参投方向演化。若担保投资机构初始尽职意愿和众创平台初始积极作为意愿达到较高水平，大众投资者行为策略均向参投方向演化。

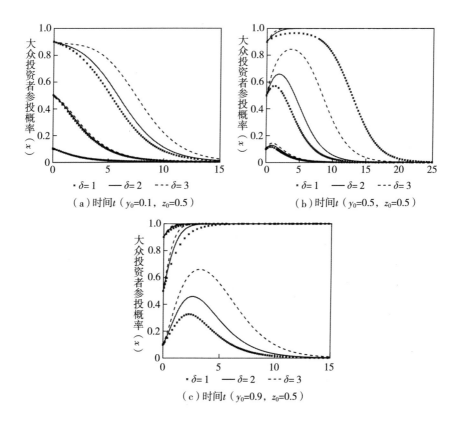

图 3.4 担保投资机构、大众投资者不同初始意愿与平台不同奖励水平下大众投资者行为策略演化轨迹

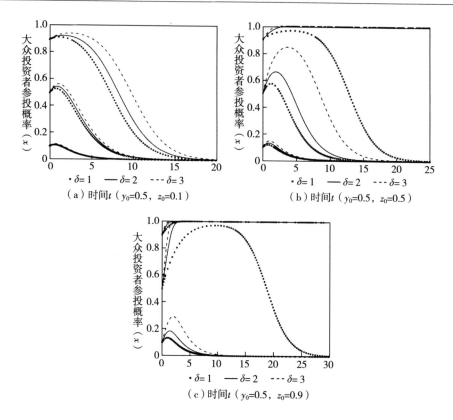

图 3.5　众创平台、大众投资者不同初始意愿与
平台不同奖励水平下大众投资者行为策略演化轨迹

　　相较于图 3.2~图 3.3，图 3.4~图 3.5 反映的大众投资者的行为策略演化轨迹显得更加趋于保守，只有在担保投资机构初始尽职意愿、大众投资者初始参投意愿、众创平台初始积极作为意愿较高水平的情景下大众投资者行为策略向参投方向演化的概率方才大幅提升。

　　（3）三方初始意愿、平台奖励水平与众创平台行为策略演化

　　由图 3.6 和图 3.7 可知，当众创平台初始积极作为意愿较低时（$z_0 = 0.1$），抑或当众创平台初始积极作为意愿处于中等水平（$z_0 = 0.5$），且担保投资机构初始尽职意愿与大众投资者初始参投意愿均处于中低水平时（$x_0 \leqslant 0.5$，$y_0 \leqslant 0.5$），众创平台行为策略终将向不积极作为方向演化，平台奖励对众创平台行为策略的演化方向无影响，仅减缓了众创平台行为策略向不积极作为方向演化的速度。结合图 3.3 和图 3.5 所示结论发现，上述情景下，系统将陷入担保投资机构践踏规

则（不尽职）、大众投资者畏虑不前（不参投）、众创平台消极作为的恶性循环。因此，众创平台作为具有担保功能的众创平台融资系统的主导者，必须首先打破僵局，主动提高对秩序的管控，规范各参与主体行为，打击担保投资机构不尽职行为；其次，众创平台应完善融资风险防范体系，引导合理的市场预期，提高大众投资者对具有担保功能的众创平台融资模式的信任与信心。

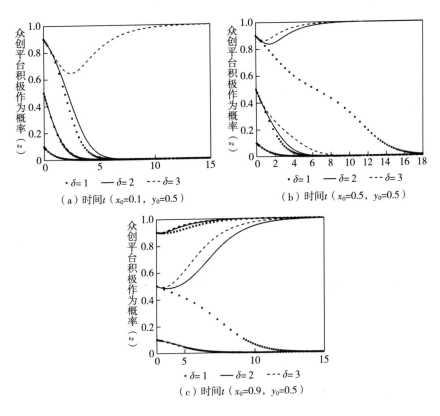

图 3.6　众创平台、大众投资者不同初始意愿与
平台不同奖励水平下众创平台行为策略演化轨迹

当众创平台初始积极作为意愿处于中等水平（$z_0 = 0.5$），且担保投资机构初始尽职意愿和大众投资者初始参投意愿分别为 $y_0 = 0.9$、$x_0 = 0.5$ 时，众创平台的行为策略向积极作为方向演化，平台奖励水平的提高加快了众创平台的行为策略向积极作为方向演化的速度；若担保投资机构初始尽职意愿和大众投资者初始参投意愿分别为 $y_0 = 0.5$、$x_0 = 0.9$ 时，平台奖励水平较低时众创平台的行为策略将

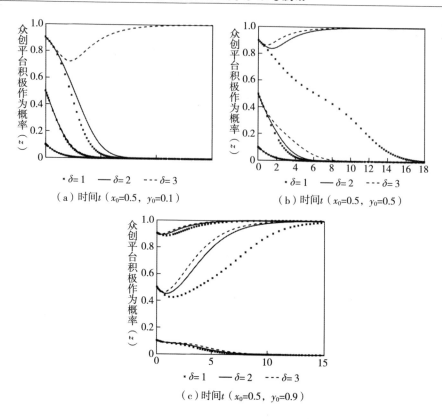

**图 3.7　众创平台、担保投资机构不同初始意愿与
平台不同奖励水平下众创平台行为策略演化轨迹**

向不积极作为方向演化，平台奖励水平处于中高水平时众创平台的行为策略将向积极作为方向演化。当众创平台初始积极作为意愿处于较高水平时（$z_0 = 0.9$），随着担保投资机构初始尽职意愿、大众投资者初始参投意愿和平台奖励水平的提升，众创平台行为策略将由向不积极作为方向演化逐渐转变为向积极作为方向演化，且向不积极作为方向演化的速度降低，向积极作为方向演化的速度加快。

3.4.2　三方初始意愿、平台惩罚力度与系统演化

取 $\vartheta = \Omega(0.1, 0.5, 0.9)$ 分别对应众创平台对担保投资机构不尽职行为的惩罚力度的低、中、高水平。系统中三方参与主体的行为策略演化轨迹如图 3.8～图 3.13 所示。

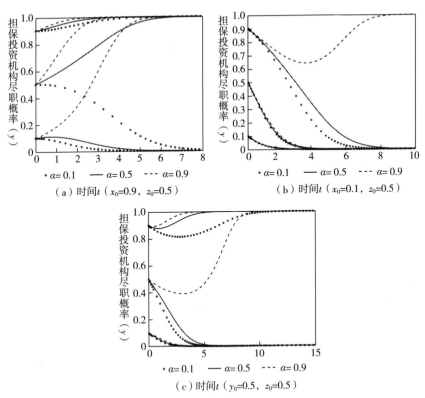

**图 3.8 担保投资机构、大众投资者不同初始意愿与
平台不同惩罚力度下担保投资机构行为策略演化轨迹**

（1）三方初始意愿、平台惩罚力度与担保投资机构行为策略演化

由图 3.8~图 3.9 可知，平台惩罚力度对担保投资机构行为策略向尽职方向演化具有正向影响，但影响作用的显著性受到担保投资机构初始尽职意愿、大众投资者初始参投意愿、众创平台初始积极作为意愿等因素的调节。结合图 3.8 和图 3.9，具体来看：当担保投资机构初始尽职意愿水平较低时（$y_0 = 0.1$），由图 3.8 可知，众创平台惩罚力度对担保投资机构行为策略演化影响不显著，众创平台初始积极作为意愿的增加仅降低了担保投资机构行为策略向不尽职方向演化的速度；由图 3.9 可知，当大众投资者的初始参投意愿处于中低水平时（$x_0 = 0.1$，0.5），众创平台惩罚力度对担保投资机构行为策略演化影响不显著，但当大众投资者达到较高水平 $x_0 = 0.9$，且众创平台惩罚力度达到较高水平时（$\alpha = 0.9$），担保投资机构行为策略方才从较低的尽职意愿最终向尽职方向演化。当担保投资机构初始尽职意愿处于中等水平时（$y_0 = 0.5$），除大众投资者初始参投意愿和众创

平台初始积极作为意愿处于较低水平外（$x_0 = 0.1$，$z_0 = 0.1$），随着大众投资者初始参投意愿和众创平台初始积极作为意愿的增加，众创平台惩罚力度对担保投资机构行为策略演化方向和速度的影响增强，且随着众创平台惩罚力度的增大，担保投资机构行为策略逐渐由向不尽职方向演化向尽职方向演化转变。当担保投资机构初始尽职意愿达到较高水平时（$y_0 = 0.9$），众创平台惩罚力度对担保投资机构行为策略的演化均具有显著影响，且随着大众投资者初始参投意愿和众创平台初始积极作为意愿的增加，担保投资机构行为策略更加倾向于向尽职方向演化。

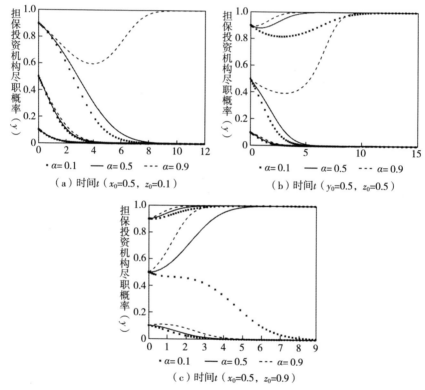

**图 3.9　担保投资机构、平台不同初始意愿与
平台不同惩罚力度下担保投资机构行为策略演化轨迹**

（2）三方初始意愿、平台惩罚力度与大众投资者行为策略演化

由图 3.10 和图 3.11 可知，当大众投资者初始参投意愿为中高水平时（$x_0 = 0.5$，0.9），伴随着众创平台初始积极作为意愿和担保投资机构初始尽职意愿的增大，众创平台惩罚力度对大众投资者行为策略演化的影响经历了不显著、显

著、不显著三种情形。其中，当大众投资者初始参投意愿为中等水平时（$x_0 = 0.5$），在担保投资机构初始尽职意愿较低且众创平台初始积极作为意愿中等水平时，抑或在众创平台初始积极作为意愿较低且担保投资机构初始尽职意愿中等水平时，众创平台惩罚对担保投资机构行为策略演化影响不显著。随着担保投资机构初始尽职意愿、众创平台初始积极作为意愿和大众投资者初始参投意愿的增大，在担保投资机构、众创平台、大众投资者初始意愿未达到 $x_0 = y_0 = 0.9$、$z_0 = 0.5$，抑或担保投资机构、众创平台、大众投资者初始意愿未达到 $x_0 = z_0 = 0.9$、$y_0 = 0.5$ 时，众创平台惩罚力度显著影响担保投资机构行为策略的演化，且随着众创平台惩罚力度的增加，担保投资机构行为策略向尽职方向演化的速度加快。当担保投资机构、众创平台、大众投资者初始意愿达到 $x_0 = y_0 = 0.9$、$z_0 = 0.5$，抑或担保投资机构、众创平台、大众投资者初始意愿达到 $x_0 = z_0 = 0.9$、$y_0 = 0.5$ 时，众创平台惩罚力度对担保投资机构行为策略演化的影响再次变得不显著。此时，众创平台惩罚力度的提升并不能消除大众投资者对融资风险的担忧，众创平台惩罚工具的作用失灵。

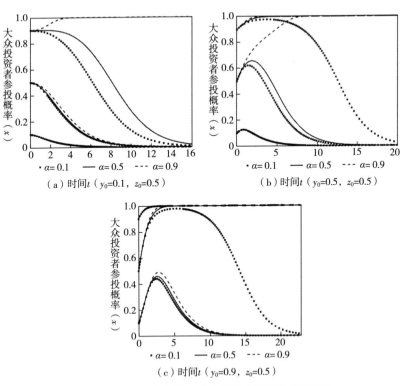

图 3.10　担保投资机构、大众投资者不同初始意愿与
平台不同惩罚力度下大众投资者行为策略演化轨迹

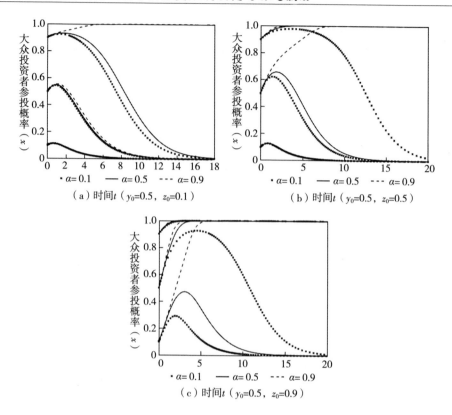

图 3.11　众创平台、大众投资者不同初始意愿与
平台不同惩罚力度下大众投资者行为策略演化轨迹

（3）三方初始意愿、平台惩罚力度与众创平台行为策略演化

由图 3.12 和图 3.13 可知，众创平台初始积极作为意愿较低时（$z_0 = 0.1$），众创平台行为策略均向消极作为方向演化，担保投资机构初始尽职意愿和大众投资者初始参投意愿以及众创平台惩罚力度的增加仅减缓了众创平台行为策略向消极作为方向演化的速度，并不能促使众创平台行为策略向积极作为方向演化。在众创平台初始积极作为意愿处于中等水平的情景下（$z_0 = 0.5$），若大众投资者初始参投意愿处于较低水平（$x_0 = 0.1$）或担保投资机构初始尽职意愿处于较低水平（$y_0 = 0.1$）时，众创平台行为策略均向消极作为方向演化；若大众投资者初始参投意愿处于中等水平（$x_0 = 0.5$）或担保投资机构初始尽职意愿处于中等水平（$y_0 = 0.5$）时，惩罚力度较高的（$\alpha = 0.9$）众创平台行为策略将向积极作为方向演化，惩罚力度处于中低水平（$\alpha \leqslant 0.5$）的众创平台行为策略将向消极作

为方向演化；若担保投资机构初始尽职意愿处于较高水平（$y_0 = 0.9$），众创平台行为策略将向积极作为方向演化；若大众投资者初始参投意愿处于较高水平时（$x_0 = 0.9$），仅当众创平台惩罚力度处于中高水平时（$\alpha \geqslant 0.5$），众创平台行为策略方才向积极作为方向演化。众创平台初始积极作为意愿较高时（$z_0 = 0.9$），若担保投资机构初始尽职意愿和大众投资者初始参投意愿处于中高水平（$x_0 \geqslant 0.5 \cup y_0 \geqslant 0.5$），众创平台行为策略将向积极作为方向演化，担保投资机构初始尽职意愿和大众投资者初始参投意愿的增加加快了众创平台行为策略向积极作为方向演化的速度；若大众投资者初始参投意愿处于较低水平（$x_0 = 0.1$），仅当众创平台惩罚力度较高时（$\alpha = 0.9$），众创平台行为策略方才向积极作为方向演化；若担保投资机构初始尽职意愿处于较低水平（$y_0 = 0.1$），众创平台行为策略将均向消极作为方向演化。

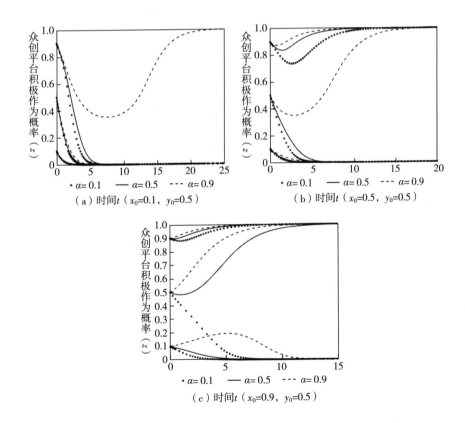

图 3.12　众创平台、大众投资者初始意愿与平台不同惩罚力度下平台行为策略演化轨迹

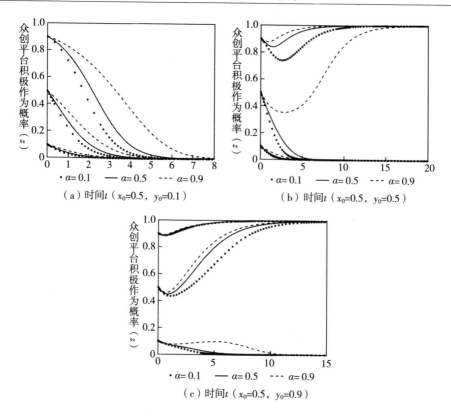

图 3.13　众创平台、担保投资机构初始意愿与平台不同惩罚力度下平台行为策略演化轨迹

3.4.3　讨论与分析

为推动众创平台服务于双创战略，我国政府通过立法、监管、投资等一系列措施，规范平台融资秩序，引导社会资本服务于我国中小型初创企业的发展。然而，当前我国具有担保功能的众创平台融资系统的发展仍处于起步探索阶段，行业规范尚未成型，这导致众创平台虽然在融资风险防范方面做了很多努力，但是效果不理想，担保投资机构与双创主体串谋、担保投资机构哄骗大众投资者投资等事件时有发生，严重扰乱了我国平台融资市场的发展秩序，甚至导致大众投资者资金被骗，血本无归。因此，在政府法律框架下，众创平台作为具有担保功能的众创平台融资系统的主导者，理应担负起维护融资系统健康发展的重担，加大对担保投资机构尽职行为监督，对于担保投资机构不尽职行为予以严厉的打击、惩罚，保护中小投资者、草根投资者的合法权益。

众创平台惩罚措施对担保投资机构和大众投资者行为策略的演化具有显著的差异性影响，同时受到担保投资机构初始尽职意愿、大众投资者初始参投意愿及众创平台初始积极作为意愿等系统初始状态因素的调节。当三方参与主体的积极作为、尽职服务、参投初始意愿处于较低水平时，众创平台惩罚工具无法有效引导担保投资机构和大众投资者向着尽职和参投协作方向的演化。因此，在具有担保功能的众创平台融资系统发展的初期阶段，众创平台必须首先认识到积极作为的重要性，深度参与到担保融资过程中，提高积极作为初始意愿，给予担保投资机构违规警示，向大众投资者传递合理的市场预期，进而改善担保融资市场的发展秩序。随着时间的推移，具有担保功能的众创平台融资系统的发展逐渐趋于稳定、成熟，众创平台积极作为在系统中所发挥的作用呈现边际效用递减现象，众创平台惩罚对参与主体的行为策略演变影响作用衰退，此时，众创平台应减少对系统中各参与主体的干预，转而致力于提供更加个性化的融资服务。

3.5　管理策略

以具有担保功能的众创平台融资系统中的三方参与主体有限理性为假设前提，于3.1部分对市场机制下具有担保功能的众创平台融资系统中的委托代理问题进行分析，继而构建了市场机制下具有担保功能的众创平台融资系统及演化博弈模型，运用三方演化博弈理论，将奖惩机制和三方参与主体初始意愿引入模型设计，借助 MATLAB 软件进行仿真，分析了奖惩机制以及参与主体初始意愿差异化对具有担保功能的众创平台融资系统演化的影响。

由系统稳定性分析和系统仿真可以发现：①众创平台对担保投资机构尽职服务奖励水平的提升，不仅提高了担保投资机构尽职服务的意愿，同时提高了大众投资者参投意愿，有助于市场机制下具有担保功能的众创平台融资系统的运行效率提升以及参与主体彼此协作关系的发展。②市场机制下具有担保功能的众创平台融资系统发展初期，各参与主体间普遍存在着不信任问题，众创平台积极作为有利于市场秩序的建立，并促使担保投资机构为大众投资者负责尽职。但当市场机制下具有担保功能的众创平台融资系统发展成熟后，众创平台积极作为，对担保投资机构采取高压惩罚对于促使担保投资机构尽职、引导大众投资者参投的效果逐渐衰退。此时，相较于众创平台提高对担保投资机构不尽职行为的惩罚力度，众创平台提高对担保投资机构尽职行为的监管力度更能有效地提升众创平台融资系统的运行效率。③各参与主体的初始意愿显著影响市场机制下具有担保功能的众创平台融资系统中三方参与主体的行为策略演化。担保投资机构初始尽职意愿和大众投资者初始参投意愿较低时，众创平台奖惩机制对担保投资机构和大众投资者行为策略的演化影响微弱；但当担保投资机构初始尽职意愿和大众投资者初始参投意愿较高时，众创平台较低的投入和监管强度就可以实现预期目标。

为提升具有担保功能的众创平台融资系统的运行效率，培育健康的担保融资市场，服务于我国初创企业、高科技企业的创业发展，基于研究结论，有以下针对性建议：

第一，奖惩机制应建立在有效的监管基础上。在具有担保功能的众创平台融资系统发展初期，众创平台应增加投入，加大对担保投资机构不尽职、欺诈等行为的监督力度，培育健康的网上担保融资氛围，提升担保投资机构和大众投资者的融资信心，提高各参与主体预期收益[178]，而非一味地提高惩罚力度。众创平台应加强对创业企业融资项目的审核力度，严把质量关，杜绝空壳公司、皮包公司等融资主体参与平台融资。通过这些措施，众创平台能够提升担保投资机构和大众投资者的融资信心，从而提高各参与主体的预期收益。而非单纯依赖加大惩罚力度，这种方式可能会导致参与主体产生逆反心理，反而不利于融资系统的长期发展。此外，众创平台还应与政府监管部门、行业协会等外部机构建立合作，共同打造一个多方参与的监管网络，以实现对融资活动的全方位监督。通过这种内外结合的监管模式，可以更有效地防范和控制风险，保障投资者的合法权益，同时促进融资系统的健康发展。总之，众创平台在发展担保融资业务时，应当注重监管与激励并重，通过综合措施确保融资系统的稳定性和效率，为创新创业活动提供有力的支持。

第二，当前阶段，众创平台必须发挥其在具有担保功能的众创平台融资系统运行过程中的主导作用[179]。众创平台应积极地参与到担保投资机构与大众投资者的投资过程中，而不应置身事外，将自身利益与融资成败和风险脱钩，以防止投资者对众创平台的不信任问题滋生。同时，众创平台应降低积极作为成本，加大对担保投资机构的监管力度，对于担保投资机构不尽职行为应加大惩罚力度，提高奖励水平。待具有担保功能的众创平台融资系统发展成熟后，众创平台应逐渐从主导角色向服务角色转变。通过这些策略的实施，众创平台不仅能够在当前阶段有效发挥其主导作用，还能在系统成熟后顺利实现角色转变，为担保融资系统的长期健康发展奠定坚实的基础。

第三，培育优质的具有担保功能的众创平台融资系统运营环境，提高担保投资机构初始尽职意愿和大众投资者的初始参投意愿，进而提高担保投资机构与大众投资者间的投融资协作关系。众创平台可以在法律框架下，通过互联网媒介宣传、信息公开展示的方式提高融资活动的信息透明度[180]。此外，众创平台应基于历史数据构建担保投资机构领投能力评价指标体系，迫使担保投资机构尽职服务于大众投资者，同时，降低大众投资者盲目参投的资金损失风险。最后，众创平台还应加强与法律顾问的合作，确保所有融资活动都在法律框架内进行，保护投资者的合法权益。同时，平台应建立健全投诉和处理机制，一旦发现担保投资机构存在不尽职行为，能够及时采取措施，保护投资者的利益。

通过这些综合措施，众创平台不仅能够提升自身的服务质量和市场竞争力，还能够为担保投资机构和大众投资者创造一个更加公平、透明和高效的融资环境，从而促进整个创新创业生态系统的繁荣发展。

3.6 本章小结

在市场机制下，具有担保功能的众创平台融资系统在运行过程中不可避免地会面临信息不对称和道德风险这两大难题。为了有效地规避这些问题，本章采用了三方演化博弈理论，对奖惩机制以及三方参与主体——众创平台、担保投资机构和大众投资者的初始意愿进行了深入的研究。本章的模型设计创新性地将奖惩机制和参与主体的初始意愿作为关键变量引入演化博弈模型中。这样做的好处是，可以更真实地模拟市场环境下各方的互动行为，以及这些行为如何随着时间和条件的变化而演化。借助 MATLAB 数学仿真软件对模型进行了仿真分析。通过设置不同的参数，观察了奖惩机制的强度和参与主体初始意愿的差异如何影响具有担保功能的众创平台融资系统的演化轨迹。仿真结果显示，奖惩机制的引入对于引导系统向良性方向发展具有显著作用。理论上，阐释了市场机制下具有担保功能的众创平台融资系统的演化机理，并验证了奖惩机制的优越性；实践上，揭示了影响市场机制下具有担保功能的众创平台融资系统中参与主体间策略行为演化稳定的关键因素，为具有担保功能的众创平台融资系统动态不完全契约设计奠定了基础。研究发现：①奖惩机制的引入有利于具有担保功能的众创平台融资系统的健康发展，但是，奖惩机制必须建立在有效的平台监管基础之上，因此，在具有担保功能的众创平台融资系统动态激励契约设计过程中，需要尝试引入众创平台对担保投资机构的激励机制，以探求众创平台对担保投资机构激励机制对系统运行效率的影响。②众创平台运营成本显著影响了系统演化的方向和稳定性，因此，在具有担保功能的众创平台融资系统动态激励契约设计过程中，必须考虑众创平台的运营成本。③众创平台的奖惩力度必须以三方参与主体的初始意愿背景为决策依据，否则将造成资源的极大浪费，甚至会产生不利影响。④众创平台应协调利用奖励与惩罚工具，否则独立的奖励和惩罚工具均无法维系具有担保功能的众创平台融资系统的健康发展。

4 政府规制下众创平台融资
系统演化分析

市场机制下具有担保功能的众创平台融资系统运行过程中，市场机制存在失灵的风险。相较于市场机制，政府规制过程中政府可以直接参与和干预众创平台融资过程，为具有担保功能的众创平台融资系统的发展提供政策保障。为研究政府规制下具有担保功能的众创平台融资系统的演变规律，本章首先对政府规制下具有担保功能的众创平台融资问题及研究现状进行梳理，探究了政府规制下具有担保功能的众创平台融资系统中参与主体间的策略行为关系；其次构建了政府规制下具有担保功能的众创平台融资系统演化博弈模型，分析了政府规制下具有担保功能的众创平台融资系统演化的稳定性；再次通过系统仿真实验分别对政府三类行政规制策略、技术提升策略、众创平台不正当收益水平以及三方参与主体初始意愿对各主体行为策略演化的影响进行了模拟与讨论，对比分析了异质情景下具有担保功能的众创平台融资系统演化差异；最后提出了有利于规避政府规制下具有担保功能的众创平台融资系统发展风险的管理策略。

4.1 政府规制下众创平台融资系统中
策略行为关系分析

政府规制下担保投资机构与众创平台协同发展（郑玉雯和薛伟贤，2019)[181] 是推动具有担保功能的众创平台融资系统健康发展的重要保障，受到了政府和学者们的一致关注，只有保障好具有担保功能的众创平台融资系统的健康发展，才能不断地为大众创业、万众创新战略的实施提供资本、管理、技术等服务。但是，面对众创服务需要支付的沉没成本以及高风险投资的暴利回报，挪用资本、不履行众创服务职责的现象不断涌现，信息的不对称更加剧了众创平台与担保投资机构间的互不信任问题[182]。信息不对称是导致众创平台机会主义行为的直接因素[160]，在信息不对称且政府消极规制情景下，有限理性的众创平台存在违规挪用资本的道德风险问题，进而引发了担保投资机构对众创平台投资风险的担忧。针对有限理性问题，Heaton 等[183]、吴士健等[184] 研究了过度自信对供应链契约的影响；在众创平台有限理性基础上，吴士健学者构建了风险投资机构、众创平台、创业企业间的三边道德风险规制模型。具有担保功能的众创平台融资系统是一个复杂的系统工程[185]，且系统中各参与主体一定是有限理性个体，系统地演化不仅受到政府不同规制策略与主要参与主体策略的影响，同时受到相关技术参数的影响。相较于传统的"理性人"假设条件下的经典博弈论，演化博弈论放松了"理性人"假设条件[186]，为研究政府规制下具有担保功能的众创平台融资系统的发展提供了良好的理论工具。随着演化博弈论实际应用的不断深入，单纯和梁培培在契约缔结研究过程中发现，契约的缔结速度受到参与主体行为意愿的直接影响[172]；付江月和陈刚发现，系统的初始状态对系统演化的最终结果产生直接影响[173]；进一步地，基于行为意愿理论[187]，刘新民等在碳排放量双重治理体制演化博弈分析过程中认为，参与主体的初始意愿影响了系统的最终演化结果[176]。

综上所述，国内外学者已经对政府规制、创业融资、演化博弈等问题进行了深入的研究，为本书政府规制下具有担保功能的众创平台融资系统发展的三方演化博弈分析提供了有益借鉴，但仍存在以下几点不足：一是忽视了担保投资机构与众创平台协同发展对众创平台融资系统演化和创业生态的影响研究；二是从供应链金融管理视角研究了股权众筹或从创业孵化环节研究了政府规制对创业生态系统的影响，但未发现有学者探究如何通过政府规制推动创业孵化融资环节的健康发展，亦未发现有学者探究具有担保功能的众创平台融资系统中政府的规制策略应当如何调整；三是对参与主体初始意愿对系统演化的影响研究没有足够重视，更鲜有学者探究三方参与主体初始意愿同时变化对系统演化轨迹的影响机理；四是在政府规制相关研究过程中往往关注于行政规制策略对系统演化的影响，却忽视了规制成本系数，即政府规制技术水平和技术提升策略对系统演化的影响。基于此，本章试图运用演化博弈理论，构建政府、担保投资机构、众创平台间的三方演化博弈模型，将三方参与主体初始意愿概念（刘新民等，2019）[176] 引入模型设计，并设置众创平台不正当收益没收及转移支付机制，刻画具有担保功能的众创平台融资系统现实情景中的演化轨迹；从政府治理视域，探讨三方参与主体初始意愿、众创平台不正当收益参数、政府三类行政规制策略以及技术提升策略对系统演化轨迹的影响机理。

4.2 政府规制下众创平台融资系统演化博弈模型构建

4.2.1 问题描述

相较于市场机制下具有担保功能的众创平台融资系统，政府规制下具有担保功能的众创平台融资系统运行过程中，系统中的主要矛盾由异质投资主体同众创平台间的矛盾演变为投资主体同众创平台、政府间的矛盾。系统运行过程中主要存在如下问题：

（1）委托代理关系

政府规制下具有担保功能的众创平台融资系统运行过程中，存在着一对异质委托代理关系和两对双向委托代理关系。其中，异质委托是指政府和担保投资机构对众创平台的异质委托，具体而言，对于担保投资机构而言，众创平台需要为以担保投资机构为代表的投资者提供履职服务，进而实现资本增值；而对政府而言，众创平台在为投资者提供资本增值服务的同时，必须考虑对双创主体、对社会的贡献。双向委托是指，除政府和以担保投资机构为代表的投资者对众创平台的委托外，由于众创平台需要政府提供政策激励以担保投资机构为代表的投资者参与众创平台融资，因此形成了政府同众创平台的双向委托代理关系；由于以担保投资机构为代表的投资者需要委托政府对众创平台的道德风险行为实施监管和惩治，因此形成了政府同以担保投资机构为代表的投资者间的双向委托代理关系，如图 4.1 所示，箭头指向即委托关系。

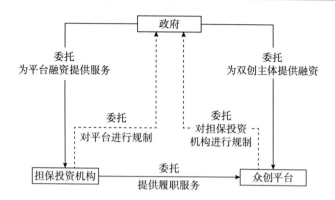

图 4.1 政府规制下具有担保功能的众创平台融资系统中的委托代理关系

（2）不同参与主体决策量

政府规制下具有担保功能的众创平台融资系统运行过程中，各方参与主体关注的重点问题为：①众创平台在机会主义行为驱使下，存在违规挪用资本、瞒报资本用途和不尽职服务创业企业的道德风险问题，将之归结为众创平台不履职，相对应地，当众创平台正当利用投资者投资，服务创业企业群体时，称为众创平台履职。信息不对称情景下，出于资本安全考虑，投资者有权选择是否对众创平台的融资活动进行投资。因此，该部分中所要研究的众创平台的决策量为履职或不履职。②政府作为市场的监管者，在消极规制过程中，政府单纯地依靠财政补贴，降低众创平台运营成本，鼓励担保投资机构参与众创平台融资活动；在积极规制过程中，政府除了采取补贴政策，将对众创平台违规行为进行审查监管，如果审查出众创平台存在违规行为，将处以罚金、没收违法所得，并向担保投资机构进行转移支付，打击众创平台违规行为，打消担保投资机构对资本安全的后顾之忧。因此，该部分中所要研究的政府的决策量为积极规制或消极规制。③担保投资机构作为大众投资者的领投服务者，担保投资机构是否为众创平台融资提供担保并进行投资将直接影响大众投资的投资决策，因此，政府规制下的具有担保功能的众创平台融资系统运行过程中，担保投资机构是否参投将对众创平台融资成功与否起到决定性作用。因此，该章节中所要研究的担保投资机构的决策量为投资或不投资。

（3）有限理性问题

政府规制下具有担保功能的众创平台融资系统运行过程中，除担保投资机构、众创平台等市场主体为有限理性个体外，由于具有担保功能的众创平台融资系统运行环境是复杂的，且政府对环境的计算能力和认识能力是有限的。因此，政府在具有担保功能的众创平台融资系统监管过程中亦存在有限理性问题。

4.2.2 模型假设与构建

为构建行之有效的政府规制下具有担保功能的众创平台融资系统，在防范众创平台违规风险的同时，促使担保投资机构积极地参与到众创平台融资活动中，探讨三方参与主体初始意愿、政府三类行政规制策略以及技术提升策略、众创平台不正当收益水平对三方参与主体行为策略演化的影响机理，不失一般性，有如下模型假设：

假设 4.1：政府、众创平台、担保投资机构与外部环境构成一个完整的具有担保功能的众创平台融资系统，三方参与主体均为有限理性个体。记担保投资机构向众创平台投资的概率、众创平台履职的概率、政府积极规制的概率分别为 x、y、z，且 x，y，$z \in [0，1]$，均为时间 t 的函数；记担保投资机构初始投资意愿、众创平台初始履职意愿、政府积极规制初始意愿分别为 x_0、y_0、z_0，代表初始时刻担保投资机构投资意愿、众创平台履职意愿、政府积极规制意愿。

假设 4.2：担保投资机构支持具有担保功能的众创平台融资系统发展，向众创平台注资 H，将得到政府补贴，补贴额度为 I，补贴力度为 δ_2，实际补贴额为 $\delta_2 I$；担保投资机构选择不向众创平台投资时，该部分资金用于其他投资，可换算为保留收益 mH。

假设 4.3：众创平台将担保投资机构投资用于创新、创业服务，履行众创职责时，众创平台需要支付履职成本 c，但政府将通过财税政策向众创平台发放补贴，补贴额度为 G，补贴力度为 σ，实际补贴额为 σG。众创平台将担保投资机构投资用于创新、创业服务可以获得利润 rH，除保留 ξ_2 比例外，将向担保投资机构支付分红 $(1-\xi_2)rH$ 或 $\xi_1 rH$，$\xi_1 + \xi_2 = 1$；若众创平台不履职，隐瞒金融资本用途，将之违规用于非众创投资，谋取私利，众创平台可以获得不正当收益 $(1+h)rH$，其中，h 为众创平台违规投资相对于众创服务投资多获得的资本收益[177]；当政府积极规制时，对众创平台运营进行监管，政府将发现众创平台违规运营问题，并处以罚款 αF，其中 α 为惩罚力度；此外，本书针对众创平台违规经营，设置没收分配机制，政府将众创平台不正当收益没收后，连同罚金一并向担保投资机构进行部分转移支付，支付比例为 λ。

假设4.4：政府消极规制时，若担保投资机构不向众创平台投资，众创平台就不存在违规挪用资本的问题，政府除了向众创平台发放补贴外，也就不存在其他损失；若担保投资机构向众创平台投资，则众创平台履职时，政府得到感知收益（社会福利的增加、创新创业水平的提升）S_1；当众创平台不履职时，政府认为金融资本被浪费，感知损失为R_1。

假设4.5：政府积极规制时，若担保投资机构不向众创平台投资，虽然众创平台不存在违规挪用资本问题，但对于积极规制的政府而言，具有担保功能的众创平台融资系统的构建缺乏资本的支持举步维艰，很难达到理想的效果，因此将感知到损失T；若担保投资机构向众创平台投资：①众创平台履职时，记政府得到感知收益为S_2，由于相较于消极规制，政府积极规制提升了政府对市场信息的把控能力，因此假定$S_2>S_1$；②众创平台不履职时，政府对众创平台违规运营进行惩罚，对其他相关企业运营可起到一定的警示作用，但众创平台违规毕竟会对具有担保功能的众创平台融资系统的建设造成一定负面影响，因此，假定政府感知损失为$R_2(R_2<R_1)$。政府积极规制需要对众创平台的实际运营进行监管，相对而言，随着众创平台规模的扩大或者说随着金融资本规模的扩大，政府监管难度上升，因此，政府对众创平台的监管成本与担保投资机构投资规模直接挂钩，吴士健等（2017）模型处理方法，故假定政府积极规制成本为$0.5bH^2$，其中，b为政府积极规制成本系数。

相关参数及含义如表4.1所示。

表4.1　参数符号及含义：政府规制下众创平台融资系统演化博弈模型

符号	含义	符号	含义
H	担保投资机构向众创平台投资总额	m	担保投资机构保留收益系数
ξ_2	众创平台履职时收益共享比例	b	政府积极规制成本系数
r	众创平台履职时系统收益系数	h	众创平台不正当收益增幅
λ	政府向担保投资机构转移支付的罚金比例	δ_2	政府向担保投资机构补贴力度
T	$x=0\cap z=1$情景下政府感知损失	I	政府向担保投资机构补贴额度
S_2	$x=y=z=1$情景下政府感知收益	σ	政府向众创平台补贴力度
S_1	$x=y=1\cap z=0$情景下政府感知收益	G	政府向众创平台补贴额度
R_2	$x=z=1\cap y=0$情景下政府感知损失	α	政府对违规众创平台惩罚力度
R_1	$x=1\cap y=z=0$情景下政府感知损失	F	政府对违规众创平台惩罚额度

基于本章假设条件，构建政府规制下具有担保功能的众创平台融资系统中担保投资机构、众创平台、政府三方参与主体间的博弈支付矩阵，如表4.2所示。

表4.2 三方博弈支付矩阵：政府规制下众创平台融资系统演化博弈模型

	担保投资机构	不投资 $1-x$		投资 x	
	众创平台	不履职 $1-y$	履职 y	不履职 $1-y$	履职 y
政府消极规制 $1-z$	众创平台	σG	$\sigma G-c$	$\sigma G+(1+h)rH$	$\sigma G+\xi_2 kH-c$
	担保投资机构	mH	mH	δI	$\delta I+\xi_1 rH$
	政府	$-\sigma G$	$-\sigma G$	$-\sigma G-\delta I-R_1$	$-\sigma G-\delta I+S_1$
政府积极规制 z	众创平台	σG	$\sigma G-c$	$-\alpha F$	$\sigma G+\xi_2 rH-c$
	担保投资机构	mH	mH	$\delta_2 I+\lambda\left[\alpha F+(1+h)rH\right]$	$\delta_2 I+\xi_1 rH$
	政府	$-\sigma G-T$	$-\sigma G-T$	$(1-\lambda)\left[\alpha F+(1+h)rH\right]-\delta_2 I-R_2-0.5bH^2$	$S_2-\sigma G-\delta_2 I-0.5bH^2$

由问题描述可知，政府规制下具有担保功能的众创平台融资系统中的参与主体的行为决策符合复制动态机制，因此复制动态动力系统的构建，不失为探究政府规制下具有担保功能的众创平台融资系统演变机理的有效方法。由众创平台、担保投资机构、政府三方参与主体博弈支付矩阵可知：

1）众创平台不履职时期望收益：

$$E_{1-Y}=(1-x)\sigma G+x(1-z)\left[\sigma G+(1+h)rH\right]-xz\alpha F$$

众创平台履职时期望收益：

$$E_Y=\sigma G+x\xi_2 rH-c$$

众创平台复制动态方程：

$$\overline{U}_Y=\frac{dy}{dt}=y(1-y)\left\{x(\sigma G+\xi_2 rH)-x(1-z)\left[\sigma G+(1+h)rH\right]+xz\alpha F-c\right\} \qquad (4.1)$$

2）担保投资机构不投资时期望收益：

$$E_{1-X}=mH$$

担保投资机构投资时期望收益：

$$E_X=\delta_2 I+y\xi_1 rH+(1-y)z\left[\alpha F+(1+h)rH\right]$$

担保投资机构复制动态方程：

$$\overline{U}_X=\frac{dx}{dt}=x(1-x)\left\{\delta_2 I+y\xi_1 kH+(1-y)z\left[\alpha F+(1+h)kH\right]-mH\right\} \qquad (4.2)$$

3）政府消极规制时期望收益：

$$E_{1-z}=-\sigma G-x\delta_2 I-x(1-y)R_1+xyS_1$$

政府积极规制时期望收益：

$$E_z=-\sigma G+xyS_2-(1-x)T-x(0.5bH^2+\delta_2 I)+$$
$$x(1-y)\{(1-\lambda)[\alpha F+(1+h)rH]+\sigma G-R_2\}$$

政府复制动态方程：

$$\overline{U}_Z=\frac{dz}{dt}=z(1-z)\{xy(S_2-S_1)-(1-x)T-0.5xbH^2+$$
$$x(1-y)\{(1-\lambda)[\alpha F+(1+h)rH]+\sigma G+R_1-R_2\}\}\quad(4.3)$$

4.3 政府规制下众创平台融资系统 演化博弈模型分析

4.3.1 三维复制动力系统构建

联立政府规制下具有担保功能的众创平台融资系统中担保投资机构、众创平台、政府三方参与主体的复制动态方程，可以得到政府规制下具有担保功能的众创平台融资系统的三维复制动力系统，如式（4.4）所示。根据 Friedman 的复制动力系统稳定性分析方法[188]，给出政府规制下具有担保功能的众创平台融资系统三维复制动力系统的雅可比矩阵，如式（4.5）所示。在政府规制下具有担保功能的众创平台融资系统三维复制动力系统式（4.4）中，通过设置各参与主体复制动态方程为零，可以得到政府规制下具有担保功能的众创平台融资系统三维复制动力系统的 9 个稳定均衡点。

$$\begin{cases}\overline{U}_X=\dfrac{dx}{dt}=x(1-x)\{\delta_2 I+y\xi_1 rH+(1-y)z[\alpha F+(1+h)rH]-mH\}\\[2mm]\overline{U}_Y=\dfrac{dy}{dt}=y(1-y)\{x(\sigma G+\xi_2 rH)-x(1-z)[\sigma G+(1+h)rH]+xz\alpha F-c\}\\[2mm]\overline{U}_Z=\dfrac{dz}{dt}=z(1-z)\{xy(S_2-S_1)-(1-x)T-0.5xbH^2+x(1-y)\\[1mm]\qquad\qquad\{(1-\lambda)[\alpha F+(1+h)rH]+\sigma G+R_1-R_2\}\}\end{cases}\quad(4.4)$$

$$J=\begin{bmatrix} (1-2x)\begin{bmatrix}(1-y)z[\alpha F+(1+h)rH]+\\ \delta_2 I+y\xi_1 rH-mH\end{bmatrix} & & \\ & (1-2y)\begin{bmatrix}x(\sigma G+\xi_2 rH)+xz\alpha F-c-\\ x(1-z)[\sigma G+(1+h)rH]\end{bmatrix} & \\ & & (1-2z)\begin{bmatrix}xy(S_2-S_1)-(1-x)T-0.5xbH^2+x(1-y)\times\\ [(1-\lambda)[\alpha F+(1+h)rH]+\sigma G+R_1-R_2]\end{bmatrix} \end{bmatrix}$$

$$(4.5)$$

4.3.2 三维复制动力系统稳定性分析

根据三维复制动力系统模型及其雅可比矩阵，此处以众创平台不履职、担保投资机构不投资、政府消极规制为例，给出 $E_1(0, 0, 0)$ 状态下系统的雅可比矩阵特征值。可以发现，此时三维复制动力系统的三个特征值分别为 $\delta_2 I-mH$、$-c$、$-T$。同理，将剩余均衡点依次代入式（4.5），可以得到如表4.3所示具有担保功能的众创平台融资系统三维复制动力系统的雅可比矩阵特征值表格。

$$J_{E_1}=\begin{bmatrix} \delta_2 I-mH & & \\ & -c & \\ & & -T \end{bmatrix}$$

由表4.3可知，影响具有担保功能的众创平台融资系统演化稳定性的因素较多，且参数间的数理关系较为复杂，因此，不失一般性，为研究具有担保功能的众创平台融资系统演化的稳定性，本章首先基于现实情景给出如下特定假设：$\xi_2<1+h$，代表众创平台违规挪用担保投资机构投资相较于提供创业服务是有利可图的；此外假定 $\xi_2 rH+\sigma G+\alpha F>c$、$(1-\lambda)[\alpha F+(1+h)rH]+\sigma G+R_1-R_2>0.5bH^2$、$\xi_2 kH<(1+h)rH+c$。然后分三大类情形，讨论相关参数对具有担保功能的众创平台融资系统演化稳定性的影响。

表4.3　雅可比矩阵的特征值

均衡点	特征值 λ_1	特征值 λ_2	特征值 λ_3
$E_1(0, 0, 0)$	$\delta_2 I-mH$	$-c$	$-T$

续表

均衡点	特征值 λ_1	特征值 λ_2	特征值 λ_3
$E_2(0, 0, 1)$	$\alpha F+(1+h)rH+\delta_2 I-mH$	$-c$	T
$E_3(0, 1, 0)$	$\delta_2 I+\xi_1 rH-mH$	$-c$	$-T$
$E_4(0, 1, 1)$	$\delta_2 I+\xi_1 rH-mH$	$-c$	T
$E_5(1, 0, 0)$	$-(\delta_2 I-mH)$	$\xi_2 rH-(1+h)rH-c$	$(1-\lambda)[\alpha F+(1+h)rH]+\sigma G+$ $R_1-R_2-0.5bH^2$
$E_6(1, 0, 1)$	$-[\alpha F+(1+h)rH+\delta_2 I-mH]$	$\xi_2 rH+\sigma G+\alpha F-c$	$-\{(1-\lambda)[\alpha F+(1+h)rH]+$ $\sigma G+R_1-R_2-0.5bH^2\}$
$E_7(1, 1, 0)$	$-(\delta_2 I+\xi_1 rH-mH)$	$-[\xi_2 rH+\alpha F-(1+h)rH-c]$	$S_2-S_1-0.5bH^2$
$E_8(1, 1, 1)$	$-(\delta_2 I+\xi_1 rH-mH)$	$-(\xi_2 rH+\sigma G+\alpha F-c)r$	$-(S_2-S_1-0.5bH^2)$
$E_9(x^*, y^*, z^*)$	鞍点（不作讨论）		

由表 4.4 可知，政府规制下具有担保功能的众创平台融资系统在三类情形下的演化稳定性存在显著差异，具体而言：

表 4.4 不同情形下均衡点局部稳定性（情形 1、情形 2、情形 3）

均衡点	情形 1（$\delta I>mH$）				情形 2（$\delta I+\xi_1 kH<mH$）				情形 3（$\delta I+\xi_1 kH>mH \cap \delta I<mH$）			
	λ_1	λ_2	λ_3	稳定性	λ_1	λ_2	λ_3	稳定性	λ_1	λ_2	λ_3	稳定性
$E_1(0, 0, 0)$	+	−	−	非稳定点	−	−	−	ESS	−	−	−	ESS
$E_2(0, 0, 1)$	+	−	+	非稳定点	无影响	−	+	非稳定点	+	−	+	非稳定点
$E_3(0, 1, 0)$	+	−	−	非稳定点	−	−	−	ESS	+	−	−	非稳定点
$E_4(0, 1, 1)$	+	−	+	非稳定点	−	−	+	非稳定点	+	−	+	非稳定点
$E_5(1, 0, 0)$	−	−	−	非稳定点	+	−	−	非稳定点	−	−	−	非稳定点
$E_6(1, 0, 1)$	−	+	−	非稳定点	无影响	+	−	非稳定点	−	+	−	非稳定点
$E_7(1, 1, 0)$	−	+, −	+, −	待讨论	+	+, −	+, −	非稳定点	−	+, −	+, −	待讨论
$E_8(1, 1, 1)$	−	+, −	+, −	待讨论	+	−	+, −	非稳定点	−	+, −	+, −	待讨论
$E_9(x^*, y^*, z^*)$	$DetJ<0 \cap TrJ=0$			鞍点	$DetJ<0 \cap TrJ=0$			鞍点	$DetJ<0 \cap TrJ=0$			鞍点

注：$DetJ$ 和 TrJ 分别对应矩阵 J 的行列式和迹。

情形1：（$\delta_2 I > mH$）：政府向参与众创平台融资的担保投资机构补贴额大于担保投资机构不参与具有担保功能的众创平台融资系统融资时的保留收益，当 $S_2 - S_1 > 0.5bH^2$ 时，具有担保功能的众创平台融资系统一定不存在演化平衡稳定点或演化平衡渐进稳定点；当 $S_2 - S_1 < 0.5bH^2$ 时，若 $\xi_2 rH + \alpha F < (1+h) rH - c$，则具有担保功能的众创平台融资系统仅有一个演化平衡渐进稳定点 $E_8(1, 1, 1)$，即具有担保功能的众创平台融资系统向担保投资机构投资、众创平台履职、政府积极规制方向演化；而若 $\xi_2 rH + \alpha F > (1+h) rH - c$，则具有担保功能的众创平台融资系统存在两个演化平衡渐进稳定点 $E_7(1, 1, 0)$ 和 $E_8(1, 1, 1)$。

情形2：（$\delta_2 I + \xi_1 rH < mH$）：政府向参与众创平台融资的担保投资机构补贴额与众创平台履职时向担保投资机构支付的分红之和小于担保投资机构不参与具有担保功能的众创平台融资系统融资时的保留收益，具有担保功能的众创平台融资系统一定存在两个演化平衡稳定点 $E_1(0, 0, 0)$ 和 $E_3(0, 1, 0)$，此时，无论众创平台是否履行众创服务职责，担保投资机构的行为策略均向不对众创平台进行投资方向演化。

情形3：（$\delta_2 I + \xi_1 rH > mH \cap \delta_2 I < mH$）：政府向参与众创平台融资的担保投资机构补贴额与众创平台履职时向担保投资机构支付的分红之和，大于担保投资机构不参与具有担保功能的众创平台融资系统融资时的保留收益，且政府向参与众创平台融资的担保投资机构补贴额大于担保投资机构不参与具有担保功能的众创平台融资系统融资时的保留收益。情形3和情形1的区别在于：相较于情形1，情形3无论其他参数条件如何变化，具有担保功能的众创平台融资系统多出了一个一定存在的演化平衡稳定点 $E_1(0, 0, 0)$。可以发现，政府向参与众创平台融资的担保投资机构补贴额的降低，具有担保功能的众创平台融资系统向担保投资机构不投资、众创平台不履职、政府消极规制方向演化的可能性增加。

4.4 政府规制下众创平台融资系统演化仿真分析

为了更加直观地刻画政府三类行政规制策略、技术提升策略、众创平台不正当收益水平以及三方参与主体初始意愿对政府规制下具有担保功能的众创平台融资系统演化的影响机理，基于所构建的政府规制下具有担保功能的众创平台融资系统演化博弈模型，本章利用 MATLAB 仿真分析软件编制相应三方参与主体演化博弈仿真程序，通过对非讨论参数的固定来分析待研究参数的变化对三方参与主体行为策略演化轨迹的影响。

众创平台的发展离不开金融资本的支持，而规避众创平台违规风险，鼓励担保投资机构参与众创平台融资活动，保证具有担保功能的众创平台融资系统的健康运行离不开政府的扶持与监管。参考刘新民等（2019）、曲薪池等（2019）在企业碳排放演化博弈分析和创新生态系统演化博弈分析中关于系统初值的设定方法，结合政府规制下具有担保功能的众创平台融资系统的发展实际，将担保投资机构初始投资意愿、众创平台初始履职意愿、政府积极规制初始意愿设定为低、中、高三个等级，即 x_0，y_0，$z_0 = \Omega(0.2，0.5，0.8)$；为了更好地对比政府三类行政规制策略对系统演化轨迹的影响，探讨行政规制策略采用的优先级，故将政府对参与众创平台融资的担保投资机构的补贴额度、政府对履行创新创业服务职责的众创平台的补贴额度、政府对违规挪用资本的众创平台的惩罚额度统一设定为 $G=I=F=5$；为满足假设 5 中的基本条件，保证不同情景下政府感知收益的逻辑关系，设置参与 $S_2=6$、$S_1=4$、$R_2=1$、$R_1=2$、$c=T=1$；此外，记担保投资机构投资总额为 $H=10$、担保投资机构保留收益系数 $m=0.5$、众创平台履职时收益共享比例 $\xi_2=0.5$、众创平台履职时系统收益系数 $r=0.6$、政府向担保投资机构转移支付的罚金比例 $\lambda=0.6$；其他可变待讨论参数的设置将在下文仿真分析中具体给出。

4.4.1 三方参与主体初始意愿对融资系统演化的影响

固定其他参数（$b=0.03$、$\sigma=\delta_2=\alpha=0.5$、$h=-0.2$），取 x_0，y_0，$z_0 \in \Omega(0.2，0.5，0.8)$ 分别对应担保投资机构初始投资意愿、众创平台初始履职意愿和政府积极规制初始意愿的低、中、高水平。因此，三方参与主体初始意愿对担保投资机构、众创平台、政府的行为策略演化轨迹的影响分别如图 4.2~图 4.4 所示。

（1）三方参与主体初始意愿对担保投资机构行为策略演化的影响

由图 4.2 可知，担保投资机构初始投资意愿、众创平台初始履职意愿、政府积极规制初始意愿的提高，均有利于担保投资机构的行为策略向投资方向演化，但影响存在显著差异。具体而言：由图 4.2（a）可知，在政府积极规制初始意愿中等水平（$z_0=0.5$）条件下，若担保投资机构初始投资意愿较低

（$x_0 = 0.2$），担保投资机构的行为策略均向不投资方向演化，众创平台初始履职意愿的提升仅降低了担保投资机构行为策略向不投资方向演化的速度；若担保投资机构初始投资意愿较高（$x_0 = 0.5 \& 0.8$），担保投资机构的行为策略均向投资方向演化，众创平台初始履职意愿对担保投资机构行为策略向投资方向演化速度的影响差异较小。对比图 4.2（a）结论，由图 4.2（b）可知，相较于众创平台初始履职意愿对担保投资机构行为策略演化的影响，政府积极规制初始意愿对担保投资机构行为策略演化的影响更加显著，可以看出，当政府积极规制初始意愿分别处于不同水平时，担保投资机构行为策略的演化方向存在明显区别。因此，在担保投资机构决策过程中，研判政府这一"看得见的手"对具有担保功能的众创平台融资系统的规制态度比考察众创平台信誉更加至关重要。

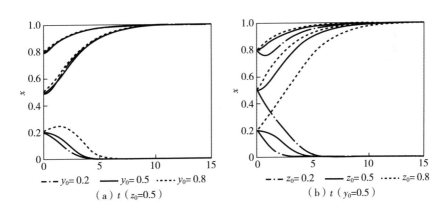

图 4.2 三方参与主体初始意愿与担保投资机构行为策略演化轨迹

根据图 4.2（a）和图 4.2（b）对比结果，为鼓励担保投资机构向急需资本的众创平台提供创业资本，进而撬动民间资本参与大众创业，在当前平台融资环境下，政府所需要做的不仅是通过指标设置、中期考核等方式约束、迫使担保投资机构向众创平台注资；亦不是一味提高众创平台准入门槛；而是首先需要提高政府自身积极规制的主动性，通过监管，在众创平台融资活动中树立政府威信，其次促使众创平台融资活动中的各参与主体相信市场，相信政府，以此培育积极、健康的众创平台融资环境。

（2）三方参与主体初始意愿对众创平台行为策略演化的影响

由图 4.3 可知，担保投资机构初始投资意愿、众创平台初始履职意愿、政府积极规制初始意愿的提高，均有利于众创平台的行为策略向履职方向演化，其中，担保投资机构初始投资意愿和政府积极规制初始意愿对众创平台的行为策略演化的影响较为显著，而众创平台初始履职意愿对自身行为策略演化的影响效果虽存在一定差异，但影响不大。就直观区别而言：相较于图 4.3（a），在政府积极规制初始意愿处于中等水平且众创平台初始履职意愿处于较高水平（$z_0 = 0.5 \& y_0 = 0.8$）的条件下，若担保投资机构初始投资意愿较低（$x_0 = 0.2$），众创平台行为策略向不履职方向演化；而在图 4.3（b）中，当担保投资机构初始投资意愿处于中等水平且众创平台初始履职意愿处于较高水平（$x_0 = 0.5 \& y_0 = 0.8$）时，若政府积极规制初始意愿较低（$z_0 = 0.2$），创平台行为策略向履职方向演化。

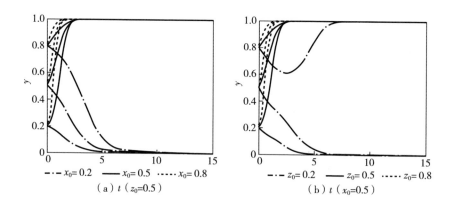

（a）t（$z_0 = 0.5$）　　　　　　（b）t（$x_0 = 0.5$）

图 4.3　三方参与主体初始意愿与众创平台行为策略演化轨迹

（3）三方参与主体初始意愿对政府行为策略演化的影响

由图 4.4 可知，担保投资机构初始投资意愿、众创平台初始履职意愿、政府积极规制初始意愿的变化，均对众创平台的行为策略演化方向存在显著影响，但影响效果存在一定差异。具体而言，由图 4.4（a）和图 4.4（b）可知，政府积极规制初始意愿的增加，提升了政府行为策略向积极规制方向演化的概率。由图 4.4（a）可知，担保投资机构初始投资意愿的增加，亦提升了政府行为策略向积极规制方向演化的概率；但是，由图 4.4（b）可知，当政府积极规制初始意愿处于中高水平（$z_0 = 0.5\&0.8$）时，众创平台初始履职意愿的增加，降低了政府行为策略向积极规制方向演化的概率，而当政府积极规制初始意愿处于较低水平（$z_0 = 0.2$）时，众创平台初始履职意愿的增加，提升了政府行为策略向积极规制方向演化的概率。

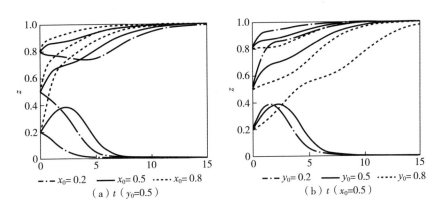

图 4.4　三方参与主体初始意愿与政府行为策略演化轨迹

4.4.2　三方参与主体初始意愿和政府对众创平台补贴力度同时变化对融资系统演化的影响

固定其他参数（$b = 0.03$、$h = -0.2$、$\delta_2 = \alpha = 0.5$），除设置三方参与主体可调节的初始意愿参数外，取 $\sigma \in \Omega(0.1, 0.5, 0.9)$ 分别对应政府对众创平台补贴力度的低、中、高水平。因此，三方参与主体初始意愿和政府对众创平台补贴力度同时变化对担保投资机构、众创平台、政府的行为策略演化轨迹的影响如图 4.5 所示。由图 4.5（a）可知，担保投资机构初始投资意愿的增加，显著提升了担保投资机构行为策略向投资方向演化的概率；政府对众创平台补贴力度的提高，亦有助于降低担保投资机构行为策略向不投资方向演化的速度，提升担保投资机构向投资方向演化的概率，但影响效果不显著。由图 4.5（b）可知，众创平台初始履职意愿的增加对提升众创平台行为策略向投资方向演化的影响不显著，与图 4.3 所示结论一致；政府对众创平台补贴力度的加大，有助于提高众创平台行为策略向履职方向演化的速度。

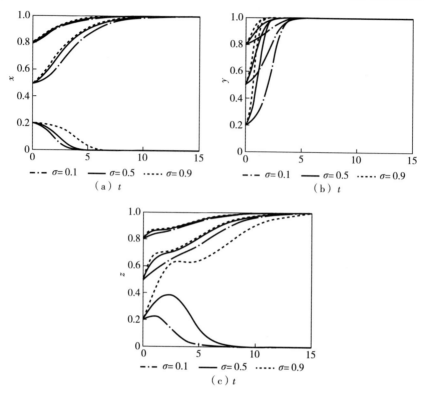

图 4.5　三方参与主体初始意愿和政府对众创平台补贴力度同时变化与融资系统演化轨迹

4.4.3　三方参与主体初始意愿和政府对担保投资机构补贴力度同时变化对融资系统演化的影响

固定其他参数（$b=0.03$、$h=-0.2$、$\sigma=\alpha=0.5$），除设置三方参与主体可调节的初始意愿参数外，取 $\delta_2 \in \Omega(0.1,\ 0.5,\ 0.9)$ 分别对应政府对担保投资机构补贴力度的低、中、高水平。因此，三方参与主体初始意愿和政府对担保投资机构补贴力度同时变化对担保投资机构、众创平台、政府的行为策略演化轨迹的影响如图 4.6 所示。由图 4.6（a）可知，政府对担保投资机构补贴力度的提高，显著提升了担保投资机构行为策略向投资方向演化的概率和演化的速度，对比图 4.5（a）可以发现，相较于政府对众创平台进行补贴，政府对担保投资机构进行补贴更有益于促使担保投资机构向众创平台提供融资服务；同时，由图 4.6（b）可知，政府对担保投资机构补贴力度的提高，亦显著提升了众创平台行为策略向履职方向演化的概率和演化的速度，同样，对比图 4.5（b）可以发现，相较于政府对众创平台进行补贴，政府对担保投资机构进行补贴也更有益于促使众创平台履行职责，防范资本挪用风险；结合图 4.6（c）中政府行为策略演化轨迹，图 4.6（a）和图 4.6（c）所示结论是由于政府对担保投资机构补贴促使了担保投资机构投资概率提高和政府积极规制概率提高，进而促使众创平台提升了履职概率所致。鉴于 4.2.1 部分和 4.2.2 部分中已经对三方参与主体初始意愿对担保投资机构、众创平台、政府的行为策略演化轨迹的影响进行了讨论，且结论一致，因此，此处不再重复讨论。

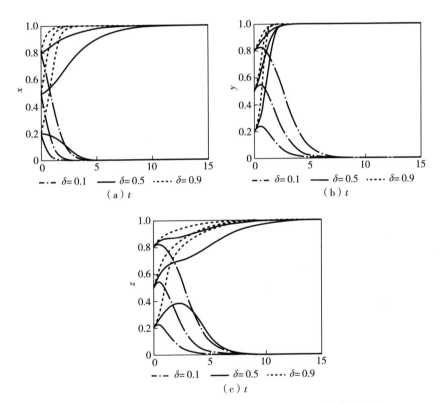

图 4.6　三方参与主体初始意愿和政府对担保投资机构补贴力度

同时变化与融资系统演化轨迹

4.4.4　三方参与主体初始意愿和政府对众创平台惩罚力度同时变化对融资系统演化的影响

固定其他参数（$b=0.03$、$h=-0.2$、$\sigma=\alpha=0.5$），取 $\alpha \in \Omega(0.1,\ 0.5,\ 0.9)$

分别对应政府对众创平台不履职行为惩罚力度的低、中、高水平。因此，三方参与主体初始意愿和政府对众创平台不履职行为惩罚力度同时变化对担保投资机构、众创平台、政府的行为策略演化轨迹的影响如图 4.7 所示。由图 4.7（a）~图 4.7（c）可知，政府对众创平台违规挪用款项惩罚力度的提高，对担保投资机构行为策略向投资方向演化、众创平台行为策略向履职方向演化、政府行为策略向积极规制方向演化均具有一定程度的促进作用。对比图 4.5 和图 4.6 可以发现，相较于政府对众创平台进行补贴，政府对众创平台违规挪用款项进行惩罚，对促使担保投资机构行为策略向投资方向演化、众创平台行为策略向履职方向演化、政府行为策略向积极规制方向演化的作用略强；相较于政府对担保投资机构进行补贴，政府对众创平台违规挪用款项进行惩罚，对促使担保投资机构行为策略向投资方向演化、众创平台行为策略向履职方向演化、政府行为策略向积极规制方向演化的作用略弱。

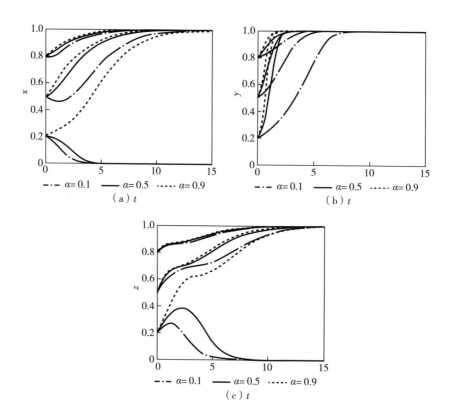

图 4.7　三方参与主体初始意愿和政府对众创平台惩罚力度同时变化与融资系统演化轨迹

4.4.5 政府积极规制成本系数对融资系统演化的影响

固定其他参数（$h = -0.2$、$\sigma = \delta_2 = \alpha = 0.5$），取 $b \in \Omega(0.01,\ 0.03,\ 0.05,$ $0.07)$，代表政府采取积极规制策略时的规制成本系数。因此，政府采取积极规制策略时的规制成本系数对担保投资机构、众创平台、政府的行为策略演化轨迹的影响如图4.8所示。其中，由图4.8（a）可知，当政府积极规制成本系数位于 $[0.01,\ 0.05]$ 时，担保投资机构的行为策略均向投资方向演化，且演化速度无明显差异；而当政府积极规制成本上涨，$b = 0.07$ 时，担保投资机构的行为策略快速向不投资方向演化。由图4.8（b）可知，当政府积极规制成本系数分别为 $0.01 \sim 0.05$ 时，众创平台的行为策略均向履职方向演化，但当政府积极规制成本系数为 $b = 0.05$ 时，众创平台行为策略向履职方向演化的速度显著下降；当政府积极规制成本系数上涨，$b = 0.07$ 时，众创平台的行为策略快速向不履职方向演化。由图4.8（c）可知，随着政府积极规制成本系数的增加，政府行为策略由向积极规制演化逐渐转变为向消极规制演化。

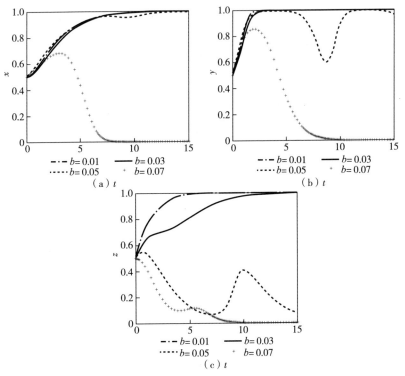

图4.8 政府积极规制成本系数与具有担保功能的众创平台融资系统演化轨迹

4.4.6 众创平台不正当收益对融资系统演化的影响

固定其他参数（$b=0.03$、$\sigma=\delta_2=\alpha=0.5$），取 $h \in \Omega(-0.5, -0.3, -0.1)$，代表众创平台采取违规挪用投资策略时相对采取履职策略时收益的增加水平。因此，众创平台不正当收益水平对担保投资机构、众创平台、政府的行为策略演化轨迹的影响如图4.9所示。由图4.9（a）~图4.9（c）可知，随着众创平台采取违规挪用投资策略时相对采取履职策略时收益水平的增加，担保投资机构行为策略向投资方向演化、众创平台行为策略向履职方向演化、政府行为策略向积极规制方向演化的概率均呈现出一致单调递增的状态。

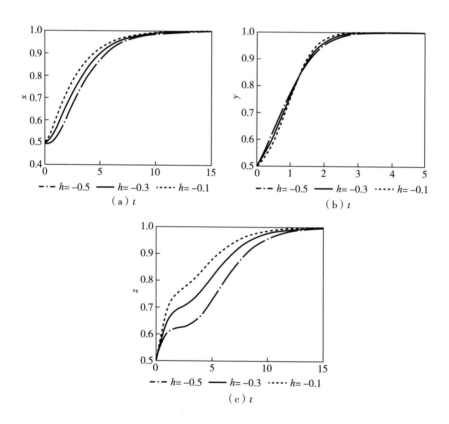

图4.9 众创平台不正当收益与具有担保功能的众创平台融资系统演化轨迹

4.4.7 讨论与分析

通过对 4.4.1~4.4.6 部分分析可以发现：

第一，虽然众创平台不正当收益水平的增加可能刺激众创平台不履职行为，但是通过设计政府没收众创平台违规挪用投资所得，并向担保投资机构进行部分转移支付机制，不仅可以克服众创平台不正当收益水平增加所导致的众创平台不履职风险，亦有助于保障以担保投资机构为代表的资本方的资本安全，为具有担保功能的众创平台融资系统的健康运行保驾护航。

第二，随着政府积极规制成本系数的增加，众创平台违规挪用投资有机可乘，担保投资机构对政府规制信心和众创平台履职信心不足；同时，由于政府积极规制成本系数代表的是政府积极规制技术水平，随着政府积极规制技术的改进，政府积极规制成本系数降低，但是技术的改进往往意味着耗费的研发投入费用增加，尤其是当技术进步到一定程度时，存在边际递减效应，此时技术的每一丝进步都意味着巨大的成本投入。因此，政府将积极规制成本系数降低到一定程度时，没有必要一味地追求技术升级，该结论验证了现实生活中的政府规制手段为什么往往是相对稳定的。

第三，在众创平台发展过程中，我们常将众创平台发展困难、资本紧张等问题归结于众创平台自身，如信用度低、融资能力不足等，但是根据图 4.3 所示结果可以发现，众创平台的行为策略演化虽然受到自身初始意愿的影响，但担保投资机构和政府初始意愿对众创平台的行为策略演化的影响更加显著。因此，政府如果想要促使众创平台履行自身职责、规避众创平台资本挪用等道德风险问题，没有必要一味地提升众创准入门槛，而是需要提升担保投资机构投资众创平台的初始意愿和政府在众创活动中的公信力和监管力度。其结论与图 4.2 得到的结论启示一致。图 4.4 结论反映出，随着担保投资机构向众创平台投资意向的增加，政府必须加强对众创活动的监管，防范众创平台擅自挪用创业资本可能导致的风险；当政府积极规制初始意愿处于中高水平时，随着众创平台挪用创业资本可能性的降低，政府可适当放松监管，而当政府积极规制初始意愿处于较低水平时，尽管众创平台挪用创业资本可能性较低，政府也必须主动加强监管，防范部分众创平台趁机挪用创业资本的风险，也就是说，平台融资市场越是欣欣向荣，政府就越必须警惕潜在的资本违规风险。

第四，成本的增加将致使决策主体努力降低成本支出的可能性，但不同的是，由图 4.5（c）可知，政府积极规制初始意愿的增加和政府对众创平台补贴力度的提高，均有利于政府行为策略向积极规制方向演化，这可能是在政府向众创平台提供补贴后，政府更倾向于加强对众创活动的监管，以防范众创平台套取政府补贴的问题发生。通过对比图 4.5 和图 4.6 演化结果，并结合图 4.7 所示结论可知，为培育健康的具有担保功能的众创平台融资系统，在政府三类行政规制策略中，政府采用的优先级为：①对参与具有担保功能的众创平台融资系统的担保投资机构加大补贴力度，提高担保投资机构向众创平台投资积极性；②对众创平台违规挪用款项加大处罚力度，保证创业资本流向创业企业，防止众创平台弄虚作假，将创业资本用于非创业投资；③辅之以一定额度的平台运营补贴，降低众创平台运营成本，同时避免不必要的财政浪费。

4.5 异质情景下众创平台融资系统演化对比分析

通过对比异质情景下具有担保功能的众创平台融资系统演化博弈模型和演化结果可以发现：①具有担保功能的众创平台融资系统参与主体初始意愿对系统演化越显著，且伴随着各方参与主体参与具有担保功能的众创平台融资系统融资积极性的提升，系统演化达到稳定的时间越短，因此无论是政府规制下还是市场机制下，具有担保功能的众创平台融资系统的首要任务均是应培育良好的融资环境，这再一次提高了对健全系统运行机制保障各方参与主体利益、规避机会主义行为的要求。②由市场机制下具有担保功能的众创平台融资系统演化结果可以发现，当市场环境不佳，各方投资者参与融资积极性不高时，众创平台不仅无法获得足够融资，亦会产生机会主义，这将致使具有担保功能的众创平台融资系统陷入"囚徒困境"；然而，通过分析政府规制下具有担保功能的众创平台融资系统演化结果发现，当以担保投资机构为代表的投资者同存在机会主义行为的众创平台同合作意愿较低时，政府行为策略亦会向消极规制方向演化，将造成市场失灵和政府规制失灵同时存在的问题。因此，政府必须主动采取积极规制策略，破解"囚徒困境"，并建立同众创平台及各方参与主体的多方参与的双重治理体系。③随着具有担保功能的众创平台融资系统发展逐渐趋于健康稳定，政府应再次将具有担保功能的众创平台融资系统运行的主导权交还给市场，通过市场调节机制来维持具有担保功能的众创平台融资系统的健康运行，但是政府不能放松对融资系统运行监管，否则必然滋生融资系统参与主体的道德风险问题。④异质情景下具有担保功能的众创平台融资系统运行过程中，政府和众创平台均应采取奖惩机制调动各方参与主体的积极性。但是众创平台的奖惩机制着力点在于加强对担保投资机构的监管和奖惩来防范其道德风险行为；政府奖惩机制的着力点在于建立转移支付机制，即政府通过没收众创平台不正当收益，并联同罚金一并向担保投资机构进行转移支付。

4.6　管理策略

为防范众创平台违规挪用金融资本、鼓励投资者参与众创平台融资，本章构建了政府规制下具有担保功能的众创平台融资系统中三方参与主体间的行为策略演化博弈模型，假定三方参与主体均为有限理性个体，通过将担保投资机构初始投资意愿、众创平台初始履职意愿、政府积极规制初始意愿，以及众创平台不正当收益没收机制引入模型设计，探讨了三方参与主体初始意愿、政府三类行政规制策略以及技术提升策略、众创平台不正当收益水平对三方参与主体行为策略演化的影响机理。

由政府规制下具有担保功能的众创平台融资系统稳定性分析和系统仿真分析可以发现：①三方参与主体初始意愿均对系统演化的方向和速度产生影响，但是众创平台初始意愿对众创平台自身行为策略的演化影响较小；同时相较于担保投资机构和众创平台初始意愿对众创系统演化的影响，政府积极规制初始意愿，即政府初始监管意愿的提高更能有效推动具有担保功能的众创平台融资系统的健康发展。②整体上，担保投资机构初始投资意愿、众创平台初始履职意愿、政府积极规制初始意愿的增加，可以促使担保投资机构行为策略向投资方向演化、众创平台行为策略向履职方向演化、政府行为策略向积极规制方向演化；但是当众创平台初始履职意愿较高，且政府积极规制初始意愿较低的情景下，政府行为策略亦向积极规制方向演化。③对政府三类行政规制策略，依照对推动具有担保功能的众创平台融资系统健康发展的影响效果从高到低排序，依次有：政府对参与众创平台融资的担保投资机构进行补贴、政府对众创平台违规挪用投资款项进行惩罚、政府对众创平台进行补贴。④随着政府监管技术的进步，当政府积极规制成本系数降低到 0.03 时，即可实现具有担保功能的众创平台融资系统的健康发展，政府没有必要一味地加大监管技术研发，追求监管成本系数的不断降低。⑤政府通过没收众创平台不正当收益，并联同罚金一并向担保投资机构进行转移支付，不仅可以提升担保投资机构参与众创投资的积极性，同时可以缓解众创平台不正当收益水平增加所导致的众创平台不履职风险。

为促使众创平台服务于大众创业、万众创新，构建行之有效的具有担保功能的众创平台融资系统，基于上述研究结论，有如下管理提升策略：

第一，为防范众创平台违规风险，鼓励担保投资机构参与众创平台融资，政府无须一味地提升众创平台准入门槛，而是应当通过积极监管，培育健康的众创生态环境[189]。此外，政府可以通过指标设计、中期考核等方式，迫使担保投资机构积极参与众创平台融资活动。

第二，当具有担保功能的众创平台融资系统市场宽松、一片欣欣向荣时，众创平台初始履职意愿较高，且政府积极规制初始意愿较低，政府必须警惕潜在的众创平台违规风险，主动加强市场监管。

第三，政府应在具有担保功能的众创平台融资系统发展过程中发挥主导作用[190]，有限的财政资金应首先用于提高对参与众创平台融资的担保投资机构补贴力度，提高担保投资机构参与融资活动的积极性；其次对众创平台辅之以必要的财税补贴，降低众创平台运营成本和风险[191]。

第四，政府应适度地提升监管技术，但没有必要过度的浪费有限的财政资金，投入监管技术研发。政府可以通过与科研院所、高校合作，降低监管技术研发成本。

第五，有必要对众创平台违规挪用资本所得进行没收，并部分转移支付给予担保投资机构，既能提升政府监管的积极性和众创平台履行众创服务职责的可能性，又可在一定程度上打消担保投资机构对投资安全的后顾之忧。

4.7　本章小结

推动大众创业、万众创新，就必须保证众创资本的充裕和安全，而政府监管、扶持和金融资本支持便是保证具有担保功能的众创平台融资系统健康运行的关键。为构建行之有效的政府规制下具有担保功能的众创平台融资系统，规避系统运行过程中众创平台道德风险问题，提升以担保投资机构为代表的投资者参与众创平台融资，本章运用演化博弈理论，借助 MATLAB 仿真分析，从政府治理视角探讨了三方参与主体初始意愿、众创平台不正当收益参数、政府三类行政规制策略以及监管技术提升策略对系统演化轨迹的影响机理；对比分析了异质情景下具有担保功能的众创平台融资系统演化结果的差异；验证了罚金转移支付机制对政府规制下具有担保功能的众创平台融资系统运行的必要性。研究发现，政府引导担保投资机构参与众创平台融资可以有效提升系统演化的稳定性，通过对众创平台进行补贴激励可以有效提升众创平台服务于社会经济的积极性。因此，在具有担保功能的众创平台融资系统动态激励契约设计过程中，政府应通过激励提升担保投资机构参与众创平台融资的积极性，并通过调整激励系数引导众创平台融资系统服务于社会经济的发展。

5 市场机制下众创平台融资系统动态激励契约设计

基于市场机制下具有担保功能的众创平台融资系统中参与主体间的策略行为关系及系统演化结果，本章设计了市场机制下具有担保功能的众创平台融资系统动态激励契约。首先，就市场机制下具有担保功能的众创平台融资系统运行过程中存在的契约问题进行分析；其次，构建并分析了市场机制下具有担保功能的众创平台融资系统动态激励契约模型；再次，通过系统仿真实验探究了众创平台双重过度自信特征对市场机制下具有担保功能的众创平台融资系统动态激励契约设计的影响机理；最后，根据市场机制下具有担保功能的众创平台融资系统动态激励契约分析得出结论，提出了提升市场机制下具有担保功能的众创平台融资系统运行效率的管理策略。

5.1 市场机制下众创平台融资系统契约问题分析

自 2009 年众创平台 Kickstarter 在美国成立以来，平台融资模式已经逐渐演变成中小微企业和创意项目筹措资金的重要渠道。平台融资模式于 2011 年进入中国，经过多年的快速发展与积累，出现了天使汇、京东股权众筹等数 10 家知名众创平台。2015 年，依托互联网的网贷平台融资模式更是经历了野蛮式发展阶段，当年成交额同比增长 258.62%，达到 11805.65 亿元。同时，经过数年的发展，平台融资模式中存在的道德风险、信息不对称等问题亦逐渐暴露，大量借贷平台的爆雷事件更是给投资者的投资活动敲响警钟，致使政府及投资者畏葸不前，严重抑制了平台融资金融的发展[154]。但是，借贷平台的爆雷亦为野蛮发展的平台融资金融提供了反思、改进的机会，正所谓"破而后立"，经过磋磨和改进的平台融资金融才能更好地发展、服务于社会，以更好地发挥其价值。

依托互联网的平台融资的重要目标就是吸引潜在投资者参与投资，因为，相较于风险投资，数量众多的大众投资者才是构成平台融资的真正基石[192]。然而，在平台融资过程中，融资方与投资者之间存在严重的信息不对称问题[193]。融资企业在平台融资过程中存在信息披露风险，因此，融资企业需要权衡信息披露与信息泄露，这也就造成了投融资双方的信息不对称问题[194]。众所周知，平台融资过程具有较强的专业性，而平台融资中的大部分投资者都不是专业投资者[195]，相对于融资方处于信息劣势地位[93]，因此，为了降低普通投资者的投资风险，众创平台引入职业投资者为普通投资者提供领投服务，降低普通投资者的信息劣势。平台融资模式在中国实践、应用过程中，较为普遍的模式便是"领投+跟投"模式，该组织模式中，具有丰富经验的资深投资者通过为普通投资者提供领投服务，吸引普通投资者进而完成融资任务，该组织模式的代表包括美国 AngelList 众创平台和中国京东股权众筹平台。Agrawal 等对 AnelList 平台融资模式进行分析，认为，"领投+跟投"模式在一定程度上降低了普通投资者与融资方的信息不对称问题，有利于吸引优质的项目和投资者，形成羊群效应[196]。国内学者郑海超等[197]、夏恩君等[198]、许飞剑和余达淮[199] 等证明了"领投+跟投"模式对平台融资的积极作用。

目前，学者们就"领投+跟投"融资模式引发的羊群效应，一致认为有利于提升平台融资绩效[200,201]；此外，"领投+跟投"模式极大地为融资企业拓宽了社会网络关系，抛除投融资关系外，该模式有利于实现企业与外部环境的互动[202]。然而，在种种利好因素的推动下，平台融资爆雷问题却依然频现，学者们将这归咎于平台融资契约设计阶段参与主体间存在着信息不对称问题，且契约执行阶段未能建立有效的融资激励约束机制。Spence 认为解决市场中信息不对称导致的逆向选择问题的关键是"信号"[203]。与传统金融理论类似，平台融资过程中同样存在着信号传递机制[204,205]。根据信号理论，信号能够为决策者提供信息，可以有效解决信息不对称问题[206]；获取融资项目的精准信息是防范投资风险的关键[207]。但是，在众创平台审核及领投者尽职过程中，平台融资系统中的参与主体间亦存在着信息不对称问题，这些信息不对称问题进而导致了平台融资过程中的委托代理问题[208]。就平台融资过程中参与主体间的委托代理问题，赵尧和鲁篱研究认为，投资者群体的陌生化及融资项目的风险性致使职业投资者与普通投资者间存在着信任危机，职业投资者出资一定程度上可以缓解信任危机[209]；王倩和邵华璐研究认为，职业投资者与普通投资者间存在着委托代理关系，并将职业投资者定义为普通投资者的代理人[81]。亦有学者认为，投资人群体与众创平台间亦存在着委托代理问题。徐鹏认为，设计有效的激励契约是解决投融资过程中委托代理的有效办法，并设计了过度自信视角下线上农产品供应链金融激励契约[96]。

综上所述，市场机制下具有担保功能的众创平台融资系统当前出现的问题应归咎于平台融资系统中存在的委托代理问题。虽然不少学者对市场机制下具有担保功能的众创平台融资系统运行过程中存在的委托代理问题进行了研究，但鲜有学者对该过程中的约束激励契约设计进行研究，尚且无法从契约视角为具有担保功能的众创平台融资模式的发展提供可借鉴的管理启示。基于此，本章聚焦市场机制下具有担保功能的众创平台融资系统中的双向委托代理问题和众创平台多任务问题，考虑众创平台的双重过度自信倾向，通过引入众创平台对担保投资机构的激励机制，构建了考虑众创平台双向委托代理问题和过度自信倾向的市场机制下具有担保功能的众创平台融资系统多任务动态激励契约模型；研究了众创平台双重过度自信对市场机制下具有担保功能的众创平台融资系统多任务动态激励契约设计的影响机理，并进一步探讨了众创平台风险规避水平、风控成本系数、异质投资主体效益弹性系数等重要因素的影响；最后从市场参与主体视角和政府视角审视了市场机制下具有担保功能的众创平台融资系统动态激励契约中存在的相关问题。

5.2 市场机制下众创平台融资系统动态 激励契约模型构建

5.2.1 问题描述

（1）双向委托情景描述

市场机制下具有担保功能的众创平台融资系统中运行过程中的双向委托情景指：在由担保投资机构、大众投资者和众创平台等三方参与主体构成的平台融资系统中，①担保投资机构与大众投资者寄希望于众创平台通过互联网技术及社会网络优势，为二者搜寻相对安全且成长前景较高的优质项目（风险与收益是一对矛盾体，适用于同一类项目，但并不完全适用于完全不同的项目），由于担保投资机构和大众投资者为异质投资主体，致使担保投资机构和大众投资者对项目的安全性和成长前景的重视程度可能是不一致的，因此，担保投资机构和大众投资者对众创平台项目搜寻的要求可能存在差异。②前文所述为担保投资机构与大众投资者对众创平台的委托情景，而现实情景中，众创平台为实现交易的达成，往往会委托担保投资机构提供领投服务，吸引大众投资者投资，此时便涉及众创平台对担保投资机构的委托代理问题，形成了众创平台与担保投资机构间的双向委托问题，这与传统的异质委托代理问题存在着本质的不同[164]。③虽然大众投资者还存在对担保投资机构切实履行领投服务的委托代理问题，但由于现实情景中这一委托代理并不存在直接交易，且众创平台对担保投资机构的委托在一定程度上实现了对担保投资机构的激励，因此不再对该委托代理问题进行深入讨论。

（2）众创平台多任务描述

市场机制下具有担保功能的众创平台融资系统中众创平台多任务指：由前述担保投资机构与大众投资者对众创平台的委托代理问题可知，①众创平台需通过付出努力，为异质投资主体搜寻安全可靠的低风险融资项目，以保障投资主体的投资安全，此为众创平台的"风控任务"。②众创平台还需付出努力，为异质投资主体搜寻未来盈利预期较高的潜力成长股，进而实现投资主体资本的快速增值，此为众创平台的"经济任务"。其中，众创平台经济任务产出越高，代表融资项目的成长前景越好；而众创平台风控任务产出越高，代表融资项目的项目风险越小。

（3）众创平台双重过度自信特征描述

市场机制下具有担保功能的众创平台融资系统中众创平台双重过度自信特征指：对于众创平台而言，相较于可以直接精准测度的经济任务产出，风控任务产出更加难以准确衡量，因此，众创平台在风控任务产出过程中存在过度自信的可能[212]。本书寄希望于通过数理模型，研究众创平台对风控任务产出的双重过度自信问题，为众创平台系统运行提供管理启示。由于众创平台在项目搜寻过程中掌握着信息优势，因此众创平台往往会对自身风控任务产出中的不确定性成分存在"尽在掌握"的过度自信倾向[211]，包括：其一，众创平台会过高估计其风控任务产出的过度自信倾向；其二，众创平台低估风控任务产出波动性的过度自信倾向，即对项目风险认识不足。上述两点为市场机制下具有担保功能的众创平台融资系统中众创平台的双重过度自信特征。

5.2.2 模型假设

为分析简便，有如下模型假设：

假设 5.1：众创平台依托互联网及社会网络优势搜寻双创项目，通过付出努力创造"经济任务产出"和"风控任务产出"，两种产出仅与众创平台努力水平有关，相互独立（汤姆森条件）。借鉴王垒等（2019）对多任务产出函数的设计，为简化模型计算，因此，记众创平台的经济任务产出和风控任务产出分别满足线性关系 $\overline{\pi}_g = 2g + \varepsilon_g$、$\overline{\pi}_f = 2f + \varepsilon_f$。$g$ 和 f 分别代表众创平台经济任务和风控任务的努力程度，g 和 $f \in [0, +\infty)$；ε_h 和 ε_f 分别代表众创平台经济任务产出和风控任务产出中的随机扰动因素，分别服从分布 $\varepsilon_g \sim N(0, \sigma_g^2)$ 和 $\varepsilon_f \sim N(u_f, \sigma_f^2)$。$u_f$ 代表众创平台风控任务产出中的随机扰动均值（漂移项）；σ_g^2 和 σ_f^2 分别代表众创平台经济任务产出和风控任务产出中的随机扰动方差。由于模型中的参数以"1"为单位，且过高的扰动项代表了较高的投融资风险，不符合投资者和众创平台的项目要求，同时参考高佳和王旭（2016）对随机扰动项参数的求解和设计，因此模型将随机扰动均值和方差的阈值限定在 0 到 1，即 $u_f \in [0, 1]$，σ_g^2，$\sigma_f^2 \in [0, 1]$。

假设5.2：担保投资机构和大众投资者作为异质投资主体，均存在对融资项目的经济目标和风控目标。参考刘新民等（2020）模型处理方法，假设担保投资机构和大众投资者从众创平台经济任务产出中可以获得的效用的弹性系数分别为 η^L 和 η^F，η^L、$\eta^F \in [0,1]$，η^L 和 η^F 越大，代表担保投资机构和大众投资者对经济任务产出目标的重视程度越高，反之，担保投资机构和大众投资者对经济任务产出目标的重视程度越低。

假设5.3：由于控制变量法可将多因素问题转变为单因素问题，将大大简化研究复杂程度，因此，为研究众创平台过度自信倾向对双向委托多任务动态激励契约的影响机理，参考王垒等（2019）模型处理方法，假定异质投资主体均为完全理性个体，可以正确认识 ε_g 和 ε_f 的真实分布；过度自信众创平台错误地理解为 $\varepsilon_f \sim N(lu_f, (1-k)^2\sigma_f^2)$。其中，$l \in [0,1]$，$l$ 越大，代表众创平台对风控任务产出随机扰动均值的过度自信水平越低；$k \in [0,1]$，k 越大，代表众创平台对风控任务产出随机扰动方差的过度自信水平越高。为使下文描述简便，将 l 和 k 分别称为"第一类过度自信"和"第二类过度自信"。

假设5.4：借鉴魏光兴和唐瑶（2017）、黄健柏等（2009）对多任务努力成本函数的设计思路，考虑到众创平台存在过度自信倾向，将众创平台多任务努力成本货币化为非线性形式 $c(f, g) = \frac{1}{2}\alpha_f(f-lu_f)^2 + \frac{1}{2}\alpha_g g^2$。其中，$\alpha_f > 0$ 和 $\alpha_g > 0$ 分别代表众创平台风控任务和经济任务努力成本系数，假定众创平台经济任务努力成本系数 $\alpha_g < 1$。为激励众创平台付出较高的风控任务努力和经济任务努力，担保投资机构和大众投资者分别根据自身目标需要向众创平台进行激励，记担保投资机构和大众投资者分别向众创平台支付 $\pi_L = S^L + \beta_f^L f + \beta_g^L g$ 和 $\pi_F = S^F + \beta_f^F f + \beta_g^F g$。其中，$S^L$、$S^F$ 分别为担保投资机构和大众投资者向众创平台提供的固定激励部分；β_f^L、β_f^F 分别为担保投资机构和大众投资者向众创平台风控任务提供的动态激励系数；β_g^L、β_g^F 分别为担保投资机构和大众投资者向众创平台经济任务提供的动态激励系数，β_f^L、β_f^F、β_g^L、β_g^F、S^L、S^F 均大于0且 β_f^L、β_f^F、β_g^L、β_g^F 均小于1。担保投资机构向众创平台风控任务和经济任务提供的激励系数，亦可以理解为担保投资机构为大众投资者提供领投服务的努力程度。担保投资机构向大众投资者提供领投服务可以快速实现项目投融资交易的达成，因此众创平台存在激励担保投资机构向大众投资者提供领投服务的动力。假定众创平台收益越高，则众创平台向担保投资机构提供激励的积极性越高；显然，随着众创平台向担保投资机构提供激

励水平的提升，众创平台激励意愿将被抑制，因此不妨设众创平台向担保投资机构提供的激励为 $R\dfrac{CEFP}{1-R}$，其中，$\dfrac{R}{1-R}$ 可有效刻画平台激励意愿随激励水平提升而降低这一现象，$R\in[0,0.5)$ 为激励系数，$CEFP$ 为众创平台的确定性等价收入。

假设 5.5：经典的委托代理理论认为，代理人往往是风险规避的（徐鹏，2020）[96]，因此假设众创平台为风险规避型偏好，异质投资主体均为风险中性。众创平台的预期收益为 π，那么，众创平台效用函数[210] 为 $U(\pi)=-e^{-\rho\pi}$。其中，$\rho>0$ 为众创平台的绝对风险规避系数。

相关参数符号与含义如表 5.1 所示。

表 5.1　参数符号与含义：市场机制下众创平台融资系统动态激励契约模型

符号	含义	符号	含义
f	众创平台风控任务努力程度	α_f	众创平台风控任务努力成本系数
g	众创平台经济任务努力程度	β_g^L	担保投资机构提供的经济任务动态激励系数
ρ	众创平台绝对风险规避系数	β_f^L	担保投资机构提供的风控任务动态激励系数
u_f	众创平台风控任务产出的随机扰动均值	β_g^F	大众投资者提供的经济任务动态激励系数
σ_f^2	众创平台风控任务产出的随机扰动方差	β_f^F	大众投资者提供的风控任务动态激励系数
σ_g^2	众创平台经济任务产出的随机扰动方差	l	第一类过度自信水平
α_g	众创平台经济任务努力成本系数	k	第二类过度自信水平
η^F	大众投资者从经济任务所获效用弹性系数	η^L	担保投资机构效用弹性系数

5.2.3　模型构建

在市场机制下具有担保功能的众创平台融资系统运行过程中，异质投资主体为众创平台提供的激励决定了众创平台的最终努力，担保投资机构作为融资是否成功的决定性主体，首先做出激励行动；其次，大众投资者将依据担保投资机构的行为策略，做出激励决策；最后，众创平台将根据异质投资主体的激励行为，对经济任务和风控任务的努力程度进行决策，并激励担保投资机构为大众投资者提供服务，最终形成了双向委托情景下众创平台多任务动态激励问题。市场机制下具有担保功能的众创平台融资系统过程中的三阶段动态模型如图 5.1 所示。

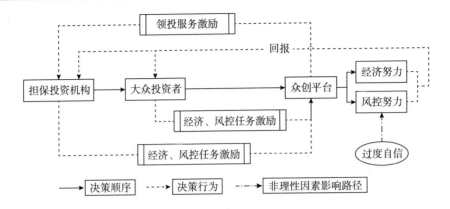

图5.1　市场机制下具有担保功能的众创平台融资系统三阶段动态决策

由市场机制下具有担保功能的众创平台融资系统三阶段动态决策过程及参与主体间的委托代理关系可知：①担保投资机构和大众投资者先后为众创平台提供激励；②大众投资者将根据担保投资机构为众创平台提供的激励，决定自身对众创平台的激励；③对于大众投资者而言，担保投资机构为众创平台提供的激励是可见的，而对担保投资机构而言，大众投资者为众创平台提供的激励是不可见的，因此异质投资主体间存在信息不对称问题；④众创平台依据异质投资主体提供的激励做出最后决策。

由于众创平台融资系统运行过程实质上为三阶段动态博弈过程，因此，由逆向归纳法[213]计算众创平台的预期收益（参考了王垒等对具有双重过度自信企业的收益函数设计[114]）：

$$E(\pi) = \left[S + \beta_f(f+u_f) + \beta_g g - \frac{1}{2}\alpha_f(f-u_f)^2 - \frac{1}{2}\alpha_g g^2 \right](1-R) \tag{5.1}$$

其中，$S = S^L + S^F$；$\beta_f = \beta_f^L + \beta_f^F$；$\beta_g = \beta_g^L + \beta_g^F$。

为探究众创平台双重过度自信对双向委托情景下众创平台多任务动态激励契约的影响机理，需要对众创平台的预期收益函数进行处理，得到双重过度自信众创平台的确定性等价收入（Certain Equivalent of Financing Platform，CEFP）为：

$$CEFP = \left\{ S + \beta_f\left[(1+k)f + lu_f\right] + \beta_g g - \frac{1}{2}\alpha_f(f-lu_f)^2 - \frac{1}{2}\alpha_g g^2 - \frac{1}{2}\rho\beta_f^2(1-k)^2\sigma_f^2 - \right.$$

$$\left. \frac{1}{2}\rho\beta_g^2\sigma_g^2 \right\}(1-R) \tag{5.2}$$

分别对众创平台确定性等价收入中的风控任务努力程度和经济任务努力程度

求解一阶最优化条件，可以得到众创平台的最优风控任务努力程度 f^* 和最优经济任务努力程度 g^*：

$$f^* = \frac{1}{\alpha_f}\left[\beta_f(1+k)+\alpha_f l u_f\right]; \quad g^* = \frac{1}{\alpha_g}(\beta_g^L+\beta_g^F) \tag{5.3}$$

（1）大众投资者最优激励契约

大众投资者对融资项目的安全性和盈利能力均具有目标需求。由假设条件可知，大众投资者为激励众创平台付出多任务努力，提供了激励成本 $S^F+\beta_f^F\pi_f+\beta_g^F\pi_g$。假定，大众投资者从众创平台风控任务和经济任务产出这两个属性中获得的效用偏好是相互独立且满足汤姆森条件[214]，那么，大众投资者从众创平台风控任务产出和经济任务产出这两个属性中获得的效用是可加的[215]。因此，将众创平台的最优风控任务努力程度 f^* 和最优经济任务努力程度 g^* 代入大众投资者最优激励契约模型，则大众投资者提供的最优激励契约可用数学规划表述为：

$$\begin{cases} \max U^F = (1-\beta_f^F)f^* + \eta^F(1-\beta_g^F)g^* - S^F \\[2mm] s.t.\ IR.\ U^F > 0 \\[2mm] IC.\ f^* = \dfrac{\left[\beta_f(1+k)+\alpha_f l u_f\right]}{\alpha_f} \\[4mm] g^* = \dfrac{(\beta_g^L+\beta_g^F)}{\alpha_g} \end{cases} \tag{5.4}$$

根据数学规划式（5.4），可以得到大众投资者最优效用函数式（5.5）为：

$$\max U^F = (1-\beta_f^F)\frac{\beta_f(1+k)+\alpha_f l u_f}{\alpha_f} + \eta^F(1-\beta_g^F)\frac{\beta_g^F+\beta_g^L}{\alpha_g} - S^F \tag{5.5}$$

为验证大众投资者最优效用函数是否存在关于其两种激励系数的最优解，构建大众投资者最优效用函数的 Hessian 矩阵：

$$H(\max U^F) = \begin{pmatrix} \dfrac{\partial^2 \max U^F}{\partial \beta_f^{F2}} & \dfrac{\partial^2 \max U^F}{\partial \beta_g^F \partial \beta_f^F} \\[4mm] \dfrac{\partial^2 \max U^F}{\partial \beta_f^F \partial \beta_g^F} & \dfrac{\partial^2 \max U^F}{\partial \beta_g^{F2}} \end{pmatrix} \tag{5.6}$$

其中，由于 $\dfrac{\partial \max U^F}{\partial \beta_f^F} = \dfrac{-2(1+k)}{\alpha_f}\beta_f^F + \dfrac{1+k-(1+k)\beta_f^L-\alpha_f l u_f}{\alpha_f}$；$\dfrac{\partial \max U^F}{\partial \beta_g^F} = \dfrac{1-2\beta_g^F-\beta_g^L}{\alpha_g}$；

因此，$\dfrac{\partial^2 \max U^F}{\partial \beta_f^{F2}} = \dfrac{-2(1+k)}{\alpha_f} < 0$；$\dfrac{\partial^2 \max U^F}{\partial \beta_h^{F2}} = -\dfrac{2}{\alpha_h} < 0$；$\dfrac{\partial^2 \max U^F}{\partial \beta_f^F \partial \beta_h^F} = \dfrac{\partial^2 \max U^F}{\partial \beta_f^F \partial \beta_h^F} = 0$。

由上可以判定大众投资者最优效用函数存在关于其两种激励系数的带参最优解：

$$\beta_f^{F^*} = \frac{1-\beta_f^L}{2} - \frac{\alpha_f lu_f}{2(1+k)}; \quad \beta_g^{F^*} = \frac{1-\beta_g^L}{2} \tag{5.7}$$

（2）担保投资机构最优激励契约

担保投资机构作为职业投资者，对融资项目的安全性和盈利能力亦均具有目标需求。根据假设条件可知，担保投资机构为激励众创平台付出多任务努力，提供了激励成本 $S^L + \beta_f^L \pi_f + \beta_g^L \pi_g$；众创平台为激励担保投资机构提供领投服务，向担保投资机构提供激励 $R\dfrac{CEFP}{1-R}$。同理假定，担保投资机构从众创平台风控任务产出和经济任务产出这两个属性中获得的效用偏好亦是相互独立且满足汤姆森条件的，那么，担保投资机构从众创平台风控任务产出和经济任务产出这两个属性中获得的效用是可加的。因此，将众创平台的最优风控任务努力程度 f^*、最优经济任务努力程度 g^* 及大众投资者反应函数，代入担保投资机构最优激励契约模型，则担保投资机构提供的最优激励契约可用数学规划表述为：

$$\begin{cases} \max U^L = (1-\beta_f^L)f^* + \eta^L(1-\beta_g^L)g^* - S^L + R\dfrac{CEFP}{1-R} \\[2mm] s.t.\ (\beta_f^{F^*},\ \beta_g^{F^*}) = arf\max U^F(\beta_f^F,\ \beta_g^F) \\[2mm] IR.\ U^L > 0 \\[2mm] IC.\ f^* = \dfrac{[\beta_f(1+k) + \alpha_f lu_f]}{\alpha_f} \\[2mm] g^* = \dfrac{(\beta_g^L + \beta_g^F)}{\alpha_g} \end{cases} \tag{5.8}$$

因此，担保投资机构最优效用函数式（5.9）为：

$$\max U^L = -\frac{R\alpha_f lu_f}{2(1+k)}\left[\frac{(1+k)^2(1+\beta_f^L)}{2\alpha_f} + \frac{1+3k}{2}lu_f \right] +$$

$$\frac{[2\eta^L + R + (2R-1-2\eta^L)\beta_g^L](1+\beta_g^L)}{4\alpha_g} + (R-1)S^L +$$

$$R\left\{ S^F - \frac{\alpha_f}{2}\left[\frac{(1+k)(1+\beta_f^L)}{2\alpha_f} - \frac{lu_f}{2} \right]^2 - \frac{\alpha_g}{2}\left(\frac{1+\beta_f^L}{2\alpha_g} \right)^2 - \right.$$

$$\frac{\rho(1-k)^2\sigma_f^2}{2}\left[\frac{1+\beta_f^L}{2}-\frac{\alpha_f lu_f}{2(1+k)}\right]-\frac{1+\beta_f^L}{4}\rho\sigma_g^2\right\} \tag{5.9}$$

为验证担保投资机构最优效用函数是否存在关于其两种激励系数的最优解，首先构建担保投资机构最优效用函数的 Hessian 矩阵：

$$H(\max U^L)=\begin{pmatrix}\dfrac{\partial^2\max U^L}{\partial\beta_f^{L^2}} & \dfrac{\partial^2\max U^L}{\partial\beta_g^L\partial\beta_f^L} \\[3mm] \dfrac{\partial^2\max U^L}{\partial\beta_f^L\partial\beta_g^L} & \dfrac{\partial^2\max U^L}{\partial\beta_g^{L^2}}\end{pmatrix} \tag{5.10}$$

由于，$\dfrac{\partial\max U^L}{\partial\beta_g^L}=\dfrac{3R-2-4\eta^L}{4\alpha_g}\beta_g^L+\dfrac{2\eta^L-\alpha_g R\rho\sigma_g^2}{4\alpha_g}$；$\dfrac{\partial\max U^L}{\partial\beta_f^L}=\dfrac{(2R-5)(1+k)^2}{4\alpha_f}\beta_f^L+$

$\dfrac{[(R-2)(1+3k)lu_f-\rho(1-k)^2\sigma_f^2R]\alpha_f+(1+k)^2R}{4\alpha_f}$，因此，$\dfrac{\partial^2\max U^L}{\partial\beta_g^{L^2}}=\dfrac{3R-2-4\eta^L}{4\alpha_g}$；

$\dfrac{\partial^2\max U^L}{\partial\beta_f^{L^2}}=\dfrac{(2R-5)(1+k)^2}{4\alpha_f}<0$；$\dfrac{\partial^2\max U^L}{\partial\beta_g^L\partial\beta_f^L}=\dfrac{\partial^2\max U^L}{\partial\beta_f^L\partial\beta_g^L}=0$。

由解的存在性定理可知，当且仅当条件 $3R<2+4\eta^L$ 满足时，担保投资机构最优效用函数存在关于两种激励系数的最优解，此时，不带参最优解分别为：

$$\beta_g^L=\frac{2\eta^L-\alpha_g R\rho\sigma_g^2}{2+4\eta^L-3R};\quad \beta_f^L=\frac{[(R-2)(1+3k)lu_f-\rho(1-k)^2\sigma_f^2R]\alpha_f+(1+k)^2R}{(5-2R)(1+k)^2} \tag{5.11}$$

将式（5.11）的结果代入式（5.3）和式（5.7），即可得到大众投资者和众创平台的最优解。

5.3 市场机制下众创平台融资系统动态 激励契约模型分析

5.3.1 众创平台提供激励对激励契约的影响

通过求解异质投资主体激励及众创平台努力程度关于众创平台向担保投资机构提供的激励系数的一阶导可得：

$$\frac{\partial \beta_g^L}{\partial R}<0, \quad \frac{\partial \beta_g^F}{\partial R}>0, \quad \frac{\partial \beta_f^L}{\partial R}>0, \quad \frac{\partial \beta_f^F}{\partial R}<0, \quad \frac{\partial f}{\partial R}>0, \quad \frac{\partial g}{\partial R}<0$$

证明：由式（5.11）可知，

$$\frac{\partial \beta_g^L}{\partial R}=\frac{-\alpha_g \rho \sigma_g^2 (2+4\eta^L-3R)+3(2\eta^L-\alpha_g R\rho\sigma_g^2)}{(2+4\eta^L-3R)^2}, \quad 又由于 -\alpha_h\rho\sigma_h^2(2+4\eta^L-3R)+3$$

$(2\eta^L-\alpha_h R\rho\sigma_h^2)<0$，因此可知 $\frac{\partial \beta_g^L}{\partial R}<0$，代入式（5.7）即可得到 $\frac{\partial \beta_g^F}{\partial R}>0$，由于：

$$\frac{\partial \beta_f^L}{\partial R}=\frac{\{[(1+3k)lu_f-\rho(1-k)^2\sigma_f^2]\alpha_f+(1+k)^2\}(5-2R)}{[(5-2R)(1+k)^2]^2}(1+k)^2+$$

$$\frac{2\{[(R-2)(1+3k)lu_f-\rho(1-k)^2\sigma_f^2 R]\alpha_f+(1+k)^2 R\}}{[(5-2R)(1+k)^2]^2}(1+k)^2$$

$$=\frac{5[\rho(1-k)^2\sigma_f^2]\alpha_f+(1+k)^2(5-R)+(1+3k)lu_f\alpha_f}{[(5-2R)(1+k)^2]^2}(1+k)^2>0$$

因此，$\frac{\partial \beta_f^L}{\partial R}>0$，将其代入式（5.7）即可得到 $\frac{\partial \beta_f^F}{\partial R}<0$。

由于 $g^*=\dfrac{1+\beta_g^L}{2\alpha_g}$，$f^*=\dfrac{1}{\alpha_f}\left\{\left[\dfrac{1+\beta_f^L}{2}-\dfrac{\alpha_f lu_f}{2(1+k)}\right](1+k)+\alpha_f lu_f\right\}$，

又由于 $\frac{\partial \beta_g^L}{\partial R}<0$、$\frac{\partial \beta_f^L}{\partial R}>0$，因此 $\frac{\partial g}{\partial R}<0$、$\frac{\partial f}{\partial R}>0$。

（1）结果分析

随着众创平台向担保投资机构提供的激励系数的提高，担保投资机构向众创平台提供的经济任务激励系数降低、风控任务激励系数提高，而后，大众投资者向众创平台提供的经济任务激励系数提高、风控任务激励系数降低，最后，众创平台风控任务努力水平提升，经济任务努力水平降低。可以发现，众创平台向担保投资机构提供激励系数的提高，提升了担保投资机构向大众投资者提供领投服务的努力，使担保投资机构更加关注众创平台所提供的融资项目的风险可控性，进而降低了大众投资者的投资风险，提升了大众投资者的投资意愿。由式（5.11）还可发现，当众创平台未向担保投资机构提供激励，或向担保投资机构提供的激励系数较小时，担保投资机构向众创平台提供的风控任务激励系数趋于负值，这将阻碍契约的执行。

（2）讨论与分析

异质投资主体同众创平台间的投融资过程中存在着众创平台对担保投资机构的逆向委托问题，与徐鹏（2020）、王垒等（2019）、刘新民等（2017，2020）、高佳和王旭（2016）所研究问题仅存在单向委托关系有着本质上的区别。通过模型分析可知，随着众创平台向担保投资机构提供的激励系数的提高，担保投资机构向众创平台提供的经济任务激励系数降低、风控任务激励系数提高，而后，大众投资者向众创平台提供的经济任务激励系数提高、风控任务激励系数降低，最后，众创平台风控任务努力水平提升，经济任务努力水平降低。可以发现，众创平台对担保投资机构激励机制的引入，实现了三方参与主体职能的有效划分。于现实情景而言，平台融资过程中，担保投资机构往往充当的是"引路人"角色，真实的投资主体还是大众投资者[217]（资金的主要来源）；模型中担保投资机构对众创平台经济激励水平虽然下降，但显著提升了大众投资者的经济激励水平。模型结果验证了众创平台向担保投资机构提供激励有助于实现融资风险的降低和融资成功率的提高。这也一定程度上揭示了现实情景中仅依靠交易额抽成而忽视契约激励的网贷平台，在依托互联网优势快速实现资本汇聚后，造成风险相继破产。因此，激励契约中必须引入众创平台对担保投资机构的激励机制。

5.3.2 众创平台绝对风险规避系数对激励契约的影响

通过求解异质投资主体激励及众创平台努力程度关于众创平台绝对风险规避系数的一阶导可得：

$$\frac{\partial \beta_g^L}{\partial \rho}<0, \ \frac{\partial \beta_g^F}{\partial \rho}>0, \ \frac{\partial \beta_f^L}{\partial \rho}<0, \ \frac{\partial \beta_f^F}{\partial \rho}>0, \ \frac{\partial f}{\partial \rho}<0, \ \frac{\partial g}{\partial \rho}>0$$

结论显见，证明过程略。

（1）结果分析

随着众创平台绝对风险规避系数的提高，担保投资机构向众创平台提供的经济任务激励和风控任务激励一致降低，而后，大众投资者向众创平台提供的经济任务激励和风控任务激励一致提高，最后，众创平台风控任务努力水平降低，经济任务努力水平提升。表明：众创平台绝对风险规避系数同担保投资机构向众创平台提供的经济任务激励系数和风控任务激励系数、众创平台风控任务努力水平呈负相关关系，同大众投资者向众创平台提供的经济任务激励系数和风控任务激励系数、众创平台经济任务努力水平呈正相关关系。

（2）讨论与分析

众创平台绝对风险规避系数的提高，虽然提升了众创平台经济任务努力程度，但降低了众创平台的风控任务努力程度。可以发现，众创平台绝对风险规避系数的提高，不仅没有提升众创平台的风控任务努力水平，反而降低了其风控任务努力水平，这是由于，随着众创平台绝对风险规避系数的提高，相较于担保投资机构对众创平台风控任务激励水平的降低，大众投资者对众创平台风控任务激励水平的提高有限（由图 5.3 和图 5.4 对比分析可以发现），因此导致众创平台的风控任务努力水平降低。此时，虽然较高的绝对风险规避系数意味着众创平台具有较高的投资警觉性[23]，但异质投资主体对项目风险的忽视致使众创平台得不到足够的风控任务激励来应对项目风险，平台融资系统将陷入由于投资者忽视项目风险所导致的系统性风险。政府作为市场监管方，必须警惕众创平台绝对风险规避系数较高时的平台融资系统风险，不能仅通过对众创平台风险偏好评估，简单地界定平台融资系统的安全等级。

5.3.3 投资主体效用弹性系数对激励契约的影响

通过求解异质投资主体激励及众创平台努力程度关于投资主体效用弹性系数的一阶导可得：

当 $2+2\alpha_g R\rho\sigma_g^2 > 3R$ 时，$\dfrac{\partial\beta_g^L}{\partial\eta^L} > 0$，$\dfrac{\partial\beta_g^F}{\partial\eta^L} < 0$，$\dfrac{\partial g}{\partial\eta^L} > 0$

当 $2+2\alpha_g R\rho\sigma_g^2 < 3R$ 时，$\dfrac{\partial\beta_g^L}{\partial\eta^L} < 0$，$\dfrac{\partial\beta_g^F}{\partial\eta^L} > 0$，$\dfrac{\partial g}{\partial\eta^L} < 0$

由于 $R \in [0,\ 0.5)$，因此：

$\dfrac{\partial\beta_g^L}{\partial\eta^L} > 0$，$\dfrac{\partial\beta_g^F}{\partial\eta^L} < 0$，$\dfrac{\partial g}{\partial\eta^L} > 0$

证明：由式（5.11）可知，

$$\frac{\partial\beta_g^L}{\partial\eta^L} = \frac{2(2+4\eta^L-3R)-4(2\eta^L-\alpha_g R\rho\sigma_g^2)}{(2+4\eta^L-3R)^2} = 2\frac{2-3R+2\alpha_g R\rho\sigma_g^2}{(2+4\eta^L-3R)^2}。$$

因此，当 $2+2\alpha_g R\rho\sigma_g^2 > 3R$ 时，$\dfrac{\partial\beta_g^L}{\partial\eta^L} > 0$；否则 $\dfrac{\partial\beta_g^L}{\partial\eta^L} < 0$。

由于 $\beta_g^{F^*} = \dfrac{1-\beta_g^L}{2}$，因此，当 $2+2\alpha_g R\rho\sigma_g^2 > 3R$ 时，$\dfrac{\partial\beta_g^F}{\partial\eta^L} < 0$；否则 $\dfrac{\partial\beta_g^F}{\partial\eta^L} > 0$。

同前文过程，当 $2+2\alpha_g R\rho\sigma_g^2 > 3R$ 时，$\frac{\partial g}{\partial \eta^L} > 0$；否则 $\frac{\partial g}{\partial \eta^L} < 0$。

又由于 $R \in [0, 0.5)$，因此 $2+2\alpha_g R\rho\sigma_g^2 > 3R$ 显然成立，结论得证。

（1）结果分析

由式（5.11）可知，在众创平台动态激励过程中，大众投资者效用弹性系数对系统决策无影响，而担保投资机构效用弹性系数将通过影响担保投资机构向众创平台经济任务提供的激励系数，进而影响大众投资者向众创平台经济任务提供的激励系数，最终影响众创平台的经济任务努力水平。

（2）讨论与分析

可以发现，当 $2+2\alpha_g R\rho\sigma_g^2 > 3R$ 时，众创平台向担保投资机构提供的激励水平尚处于合理区间内，此时，随着担保投资机构对经济任务重视程度的提高，担保投资机构将提高对众创平台的经济任务激励，进而提升众创平台的经济任务努力水平；而在众创平台向担保投资机构提供的激励水平相对较低的情景下，担保投资机构势必不能向大众投资者提供高质量的领投服务，这提高了大众投资者的投资风险，进而降低了大众投资者对众创平台的经济任务激励。传统模型讨论了常规假设条件下 $(2+2\alpha_g R\rho\sigma_g^2 > 3R)$ 融资系统中参与主体的行为策略演化，但却忽视了非常规假设条件 $(2+2\alpha_g R\rho\sigma_g^2 < 3R)$ 的现实意义，可以发现，当 $2+2\alpha_g R\rho\sigma_g^2 < 3R$ 时，众创平台向担保投资机构提供了过高的激励水平，在现实情景中，意味着 $R > 0.6667$，此时，虽然担保投资机构对经济任务重视程度提高，但担保投资机构亦会降低对众创平台的经济任务激励，而大众投资者却提升了对众创平台的经济任务激励。$2+2\alpha_g R\rho\sigma_g^2 < 3R$ 情景，与现实情景中众创平台通过向担保投资机构提供高额股份或支付高额利息的方式吸引大众投资者盲目跟投极为相似，亦和高利贷放贷吸储模式如出一辙，正所谓"事出反常必有妖"（Mollick，2016），大众投资者必须予以警惕，政府更应当对此类问题加大监管力度，并做好投资风险防范宣传。

5.3.4 双重过度自信对激励契约的影响

对于众创平台第一类过度自信而言：

$$\frac{\partial \beta_f^L}{\partial l} < 0, \quad \frac{\partial \beta_f^F}{\partial l} < 0, \quad \frac{\partial f}{\partial l} > 0$$

对于众创平台第二类过度自信而言，如表5.2所示。

表 5.2　不同条件下第二类过度自信与参与主体决策

条件	结果	条件	结果
$4\rho(1-k)R\sigma_f^2>(2-R)(1-3k)lu_f$	$\dfrac{\partial\beta_f^L}{\partial k}>0$	$4\rho(1-k)R\sigma_f^2<(2-R)(1-3k)lu_f$	$\dfrac{\partial\beta_f^L}{\partial k}<0$
$(12+4k-Rk-5R)lu_f>4\rho(1-k)R\sigma_f^2$	$\dfrac{\partial\beta_f^F}{\partial k}>0$	$(12+4k-Rk-5R)lu_f<4\rho(1-k)R\sigma_f^2$	$\dfrac{\partial\beta_f^F}{\partial k}<0$
$(5-R)(1+k)^2>[2(2-R)lu_f+(1+3k)$ $(1-k)\rho R\sigma_f^2]\alpha_f$	$\dfrac{\partial f}{\partial k}>0$	$(5-R)(1+k)^2<[2(2-R)lu_f+(1+3k)$ $(1-k)\rho R\sigma_f^2]\alpha_f$	$\dfrac{\partial f}{\partial k}<0$

证明：①由式（5.11）可知，显然 $\dfrac{\partial\beta_f^L}{\partial l}<0$，将式（5.11）代入式（5.7）可得：

$$\beta_f^F=\frac{(5-2R)(1+k)^2-(1+k)^2R-(5-2R)(1+k)\alpha_f lu_f}{2(5-2R)(1+k)}-\frac{[(R-2)(1+3k)lu_f-\rho(1-k)^2\sigma_f^2R]\alpha_f}{2(5-2R)(1+k)}$$

因此，$\dfrac{\partial\beta_f^F}{\partial l}=-\dfrac{\alpha_f u_f(kR-k+3-R)}{2(5-2R)(1+k)}$。

又由于 $3>k+R$，因此，$\dfrac{\partial\beta_f^F}{\partial l}<0$；同前文证明过程，有 $\dfrac{\partial f}{\partial l}>0$。

②仅对表 5.2 中第一行结论进行证明：

$$\frac{\partial\beta_f^L}{\partial k}=\frac{\alpha_f}{(5-2R)}\frac{[3(R-2)lu_f+2\rho(1-k)\sigma_f^2R](1+k)}{(1+k)^3}-$$

$$\frac{\alpha_f}{(5-2R)}\frac{2[(R-2)(1+3k)lu_f-\rho(1-k)^2\sigma_f^2R]}{(1+k)^3}$$

$$=\frac{\alpha_f}{(5-2R)}\frac{4\rho(1-k)\sigma_f^2R-(1-3k)(2-R)lu_f}{(1+k)^3}$$

因此，当 $4\rho(1-k)R\sigma_f^2>(2-R)(1-3k)lu_f$ 时，$\dfrac{\partial\beta_f^L}{\partial k}>0$；当 $4\rho(1-k)R\sigma_f^2<(2-R)(1-3k)lu_f$ 时，$\dfrac{\partial\beta_f^L}{\partial k}<0$。

同理可以证明，大众投资者向众创平台提供的风控任务激励系数、众创平台风控任务努力水平与众创平台第二类过度自信间的关系。

（1）结果分析

由式（5.11）可知，两类过度自信仅作用于参与主体的风控任务激励水平和努力水平，对参与主体的经济任务激励水平和努力水平无影响。其中，条件 $2\rho(1-k)kR\sigma_f^2<(2-R)(1-3k)lu_f$ 必然包含条件 $(12+4k-Rk-5R)lu_f>4\rho(1-k)R\sigma_f^2$。可以发现，相较于众创平台第一类过度自信对参与主体决策的影响，众创平台第二类过度自信对参与主体决策的影响更加复杂。随着众创平台第二类过度自信水平的提升：当 $4\rho(1-k)R\sigma_f^2<(2-R)(1-3k)lu_f$ 时，担保投资机构应降低对众创平台风控任务的激励水平，而当 $4\rho(1-k)R\sigma_f^2>(2-R)(1-3k)lu_f$ 时，担保投资机构应提高对众创平台风控任务的激励水平；当 $(12+4k-Rk-5R)lu_f<4\rho(1-k)R\sigma_f^2$ 时，大众投资者应降低对众创平台风控任务的激励水平，而当 $(12+4k-Rk-5R)lu_f>4\rho(1-k)R\sigma_f^2$ 时，大众投资者应提高对众创平台风控任务的激励水平；当 $(5-R)(1+k)^2<[2(2-R)lu_f+(1+3k)(1-k)\rho R\sigma_f^2]\alpha_f$ 时，众创平台应降低风控任务的努力水平，而当 $(5-R)(1+k)^2>[2(2-R)lu_f+(1+3k)(1-k)\rho R\sigma_f^2]\alpha_f$ 时，众创平台应提高风控任务的激励水平。

（2）讨论与分析

本书所研究众创平台风控任务受到担保投资机构同大众投资者的共同激励。存在过高估计风控任务产出的众创平台受到担保投资机构和大众投资者共同的风控任务动态激励时，随着众创平台第一类过度自信水平的增加，担保投资机构和大众投资者向众创平台提供的风控任务激励系数提高，众创平台风控任务努力水平降低。而王垒等（2019）存在过高估计社会任务产出的国企高管仅受到政府出资方单方面社会任务动态激励，国企高管社会任务产出同其过高估计社会任务产出的倾向正相关。结果表明，众创平台过高估计项目收益水平的行为，将促使担保投资机构和大众投资者提高对众创平台风控警惕，并加大对众创平台风控激励水平，进而促使众创平台提升风控任务努力水平，然而，担保投资机构和大众投资者向众创平台提供风控任务激励系数的提高并未能有效促使众创平台提升风控任务努力水平，存在引发融资风险的可能。因此，对于众创平台过高估计项目收益水平的过度自信倾向必须加以控制，防范系统运行机制失灵。

5.4　市场机制下众创平台融资系统动态激励契约仿真分析

在上述数理模型研究的基础上，为进一步揭示众创平台双重过度自信及绝对风险厌恶系数、风控任务努力成本系数、风控任务产出波动水平对动态激励契约设计的影响机理，本节将通过数值仿真的形式，借助参量控制法，验证上述数理模型分析中的相应结论，并发现数理分析难以直观发现的一些对比分析结论。根据模型假设中的相关关系及参数含义，首先设定本节中的固定参数：由第 3 章 3.2 部分模型分析可知，参数 R 和 u_f 的变化对模型所要探究的参数间关联关系没有影响（众创平台第二类过度自信与模型解间的关联关系除外），因此，不妨设 $R=0.2$、$u_f=0.1$，针对众创平台第二类过度自信与模型解间的关联关系探究将通过调整控制参数加以验证。其次设定本节中的控制参数：在图 5.2 中，考虑到阿罗—帕拉特（绝对）风险规避系数往往大于 0 小于 1，并参考王垒等（2019）中绝对风险规避系数的设置，设 $\rho=0.2$、0.4、0.6 代表绝对风险规避低、中、高三种情形，根据模型假设条件设控制参数为 $k=0.5$、$\sigma_f^2=0.5$、$\alpha_f=0.1$，设待研究参数 $l \in [0, 1]$；在图 5.3～图 5.5 中，同图 5.2 中绝对风险规避系数设置同理，设 $\rho=0.2$、0.4、0.6，根据模型假设条件设控制参数为 $\sigma_f^2=0.2$、0.8，代表众创平台风控任务产出低和高两种情形、$l=0.5$ 代表众创平台第一类过度自信处于中等水平，设待研究参数 $k \in [0, 1]$、$\alpha_f=10$、100；在图 5.6 中，同图 5.2 中绝对风险规避系数设置同理，设 $\rho=0.2$、0.4、0.6，根据模型假设条件设控制参数为 $\sigma_f^2=0.5$，设待研究参数 $l \in [0, 1]$、$k \in [0, 1]$、$\alpha_f=0.1$、1、10。

5.4.1　第一类过度自信与动态激励契约设计

（1）结果分析

图 5.2 反映的是众创平台第一类过度自信与激励契约中异质投资主体向众创平台提供的风控任务激励系数、众创平台风控任务努力水平间的关联关系。由图 5.2 可知，随着众创平台第一类过度自信水平的提升，异质投资主体向众创平台提供的风控任务激励系数一致增加，众创平台风控任务努力水平降低。因此，异

质投资主体向众创平台提供的风控任务激励系数、众创平台风控任务努力水平分别和众创平台第一类过度自信水平呈正相关关系和负相关关系。

（2）讨论与分析

图 5.2 所示结论与模型分析部分所示结论一致，验证了模型分析结论。相较于模型分析部分，通过数值仿真对比分析众创平台第一类过度自信水平和风险厌恶系数对激励契约中异质投资主体向众创平台提供的风控任务激励系数、众创平台风控任务努力水平的影响，研究还发现：相较于众创平台风险厌恶程度对激励契约的影响，众创平台第一类过度自信对激励契约的影响更加显著。表明：相较于众创平台对风险的厌恶程度，动态激励契约设计对众创平台过度高估项目盈利能力更加敏感。

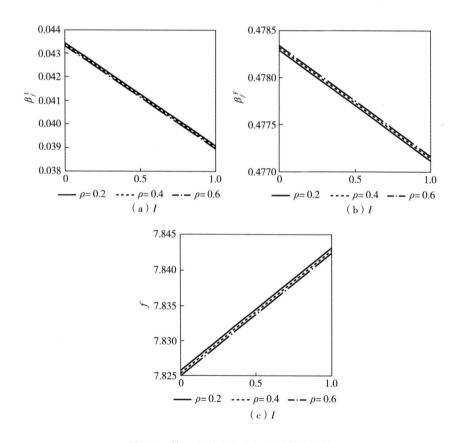

图 5.2　第一类过度自信与激励契约设计

5.4.2 第二类过度自信与动态激励契约设计

（1）结果分析

图 5.3、图 5.4 分别反映的是众创平台第二类过度自信与激励契约中担保投资机构和大众投资者向众创平台风控任务提供的激励系数间的关联关系。由图 5.3（a）可知，在众创平台风控任务产出波动较低情景下（$\sigma_f^2 = 0.2$），随着众创平台第二类过度自信水平的提升，若 $\rho \leqslant 0.4$，担保投资机构向众创平台风控任务提供的激励系数先减后增；若 $\rho \geqslant 0.6$，担保投资机构向众创平台风控任务提供的激励系数一致递增。由图 5.3（b）可知，在众创平台风控任务产出波动较高情景下（$\sigma_f^2 = 0.8$），随着众创平台第二类过度自信水平的提升，担保投资机构向众创平台风控任务提供的激励系数一致递增。可以发现，众创平台风控任务产出波动幅度的增加，降低了担保投资机构向众创平台风控任务提供的激励系数；众创平台第二类过度自信水平的提升，减缓了担保投资机构风控任务激励系数的降低速率。由图 5.4（a）可知，在众创平台风控任务产出波动较低情景下（$\sigma_f^2 = 0.2$），随着众创平台第二类过度自信水平的提升，大众投资者向众创平台风控任务提供的激励系数一致递增。由图 5.4（b）可知，在众创平台风控任务产出波动较高情景下（$\sigma_f^2 = 0.8$），随着众创平台第二类过度自信水平的提升，若 $\rho \leqslant 0.4$，大众投资者向众创平台风控任务提供的激励系数一致递增；若 $\rho \geqslant 0.6$，大众投资者向众创平台风控任务提供的激励系数先减后增。可以发现，众创平台风控任务产出波动幅度的增加，提高了大众投资者向众创平台风控任务提供的激励系数；众创平台第二类过度自信水平的提升，减缓了大众投资者风控任务激励系数的提高速率。

图 5.5 反映的是众创平台第二类过度自信与风控任务努力水平间的关联关系。通过图 5.5（a）和图 5.5（b）对比可以发现，众创平台风控任务努力成本系数的增加，最终将导致众创平台风控任务努力水平随着第二类过度自信水平的提升而降低，图像显示结果验证了表 5.2 第三行的条件结果。

（2）讨论与分析

由图 5.3 和图 5.4 可知，众创平台不同风险厌恶水平下，随着众创平台第二类过度自信水平的提升，担保投资机构和大众投资者向众创平台风控任务提供的激励系数均由分散趋于收敛；但众创平台第二类过度自信与担保投资机构和大众投资者向众创平台风控任务提供的激励系数间均不存在一致单调关系。这与徐鹏

（2020）、王垒等（2019）认为代理人过度自信同委托人激励存在一致单调关系略有不同。如图 5.3 和图 5.4 所示结论表明：众创平台第二类过度自信与激励契约中担保投资机构和大众投资者向众创平台风控任务提供的激励系数间的关联关系受到众创平台风险厌恶水平及风控任务产出波动等因素的影响。因此，在激励契约履行过程中，异质投资主体须综合考虑众创平台风险厌恶程度、风控任务产出波动、努力成本系数及众创平台向担保投资机构提供的激励系数、众创平台过度自信水平等多方面因素。

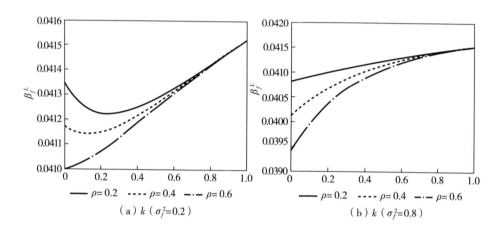

图 5.3　第二类过度自信与担保投资机构决策

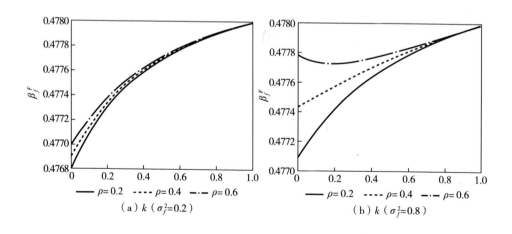

图 5.4　第二类过度自信与大众投资者决策

由图 5.5 可知，众创平台不同风险厌恶水平和风控任务产出波动水平下，随着众创平台第二类过度自信水平的提升，众创平台风控任务努力水平均由分散趋于收敛，但众创平台第二类过度自信与其风控任务努力水平间均不存在一致单调关系。这与徐鹏（2020）、王垒等（2019）、吴士健等（2017）、黄健柏等（2009）认为决策主体过度自信同其努力水平存在一致单调关系略有不同。此外，随着众创平台风险厌恶水平提高和风控任务产出波动的增加，众创平台风控任务努力水平降低，存在风险难以控制的风险。因此，政府作为市场监管者，有必要提升对平台融资系统的运行监管，并通过整合社会资源，帮助项目融资企业创业孵化，提升创业稳定性，降低项目波动；帮助众创平台提升风控技术能力，以降低风控努力成本系数。

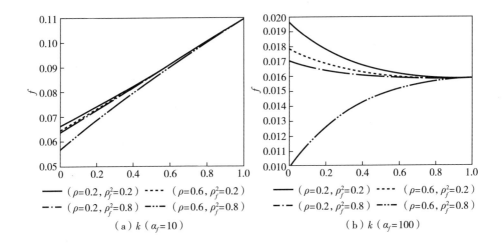

图 5.5　第二类过度自信与众创平台风控任务努力水平

5.4.3　双重过度自信与契约中众创平台过度自信成本

由于众创平台在契约执行过程中存在过度自信倾向，且众创平台过度自信倾向对众创平台的决策产生影响，因而在动态激励契约设计过程中应考虑众创平台的过度自信成本。过度自信成本（不存在过度自信的众创平台的期望效用减去存在过度自信的众创平台的期望效用）为正值时代表过度自信降低了众创平台的期望效用，反之，过度自信成本为负值时代表过度自信提升了众创平台的期望效用。

（1）结果分析

图 5.6（a）和图 5.6（b）分别代表众创平台过度自信成本与第一类过度自信、第二类过度自信之间的关联关系。其中，由图 5.6（a）可知，第一类过度自信提升了众创平台的期望效用，且随着第一类过度自信水平的提升，众创平台期望效用提升。在 l 取值一定的条件下，众创平台风控任务努力成本系数提高，众创平台过度自信成本降低，因此，众创平台过度自信成本与众创平台风控任务努力成本系数呈负相关关系。由图 5.6（b）可知，当众创平台风控任务努力成本系数较小时（$\alpha_f = 0.1$），第二类过度自信提升了众创平台的过度自信成本，降低了众创平台的期望效用；随着众创平台风控任务努力成本系数的增加，当众创平台风控任务努力成本系数 $\alpha_f \geqslant 1$ 时，第二类过度自信降低了众创平台的过度自信成本，增加了众创平台的期望效用。

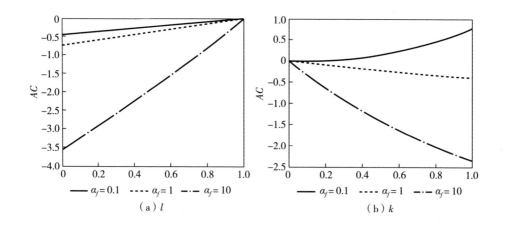

图 5.6　双重过度自信与众创平台过度自信成本

（2）讨论与分析

众创平台不同过度自信类型同其过度自信成本间并不存在完全一致的相关关系，而徐鹏（2020）认为代理方过度自信降低了过度自信成本，吴士健等（2017）认为代理方过度自信抬高了过度自信成本。研究发现，众创平台第一类过度自信降低了众创平台的过度自信成本，增加了众创平台的期望效用。众创平台风控任务努力成本系数的提高不仅不能促使众创平台合理的评估项目的收益水平，反而会助长众创平台过度高估项目的潜在收益。当众创平台风控任务努力成本系数较小时，第二类过度自信降低了众创平台的期望效用，有利于抑制众创平台第二类过度自信倾向；但随着众创平台风控任务努力成本系数的提高，风控任务努力成本系数的提高不仅未能促使众创平台认识到融资的风险波动性，反而会助长众创平台的第二类过度自信问题。综上所述，众创平台必须控制并降低其风控任务的努力成本系数。

5.5 管理策略

基于平台融资过程中担保投资机构与众创平台间的双向委托关系及担保投资机构、大众投资者（异质投资主体）与众创平台间的复杂利益相关关系，考虑众创平台双重过度自信对众创平台多任务激励契约的影响，构建了市场机制下具有担保功能的众创平台融资系统的动态激励契约模型，并从契约参与主体视角和政府视角两个维度对契约中参与主体行为策略和政府治理问题进行了分析。通过数值仿真图像间接验证了第三节模型分析中的部分结论，并直观发现了一些数理模型无法直观发现的参数间关联关系。由数理模型分析和系统仿真分析可以得到如下结论和启示：

第一，市场机制下具有担保功能的众创平台融资系统运行过程中，应引入平台对担保投资机构激励机制，但更应警惕过度激励下的风险问题。众创平台向担保投资机构提供提高的激励系数，有利于促使担保投资机构向大众投资者提供领投服务，使担保投资机构更加关注众创平台所提供的融资项目的风险可控性，降低了大众投资者的投资风险，提高了大众投资者经济任务激励，有助于实现融资系统中不同参与主体职能的有效划分，进而降低融资风险、提高融资成功率。然而，当众创平台对担保投资机构激励水平超出合理区间后，虽然担保投资机构对项目经济产出重视程度提高，但担保投资机构亦会降低对众创平台经济任务激励，众创平台亦在不断降低经济任务努力水平，此时契约中的大众投资者却在不明所以地追加对众创平台的经济任务激励，与现实情景中的高利贷放贷吸储模式如出一辙。因此，大众投资者必须予以警惕，政府更应当对此类问题加大监管力度，并做好投资风险防范宣传。

第二，众创平台系统风险评估切不可将众创平台风险厌恶指标作为唯一度量指标。在现实情景中，无论是个人风险评估，抑或企业组织风险评估，往往将待评估主体的风险厌恶指标作为重要的系统风险评估指标（此类评估在股票市场中的投资人风险评估过程中尤为常见）。然而根据结论可知，随着众创平台绝对风险规避系数的提高，众创平台的风控任务努力水平降低。此时，系统中的异质投资主体极易忽视项目风险。因此，政府作为市场监管者，必须警惕绝对风险规避系数较高的平台融资系统风险，政府及社会评估机构不可将融资主体的风险厌恶指标作为唯一的系统风险度量指标，还应同时考虑融资主体的努力成本系数及项目风险波动等指标。

第三，政府应积极作为，积极监管并为市场机制下具有担保功能的众创平台融资系统的正常运行保驾护航。由众创平台绝对风险规避系数、风控任务产出波动水平与众创平台风控任务努力水平间的关联关系可知，尽管众创平台风控任务产出波动水平提高，且众创平台风险厌恶程度增加，众创平台风控任务努力水平依然降低，致使融资风险难以控制。因此，政府作为市场监管者，有必要提升对众创平台融资系统的运行监管，并通过整合社会资源，帮助融资企业进行创业孵化，提升创业稳定性，降低项目波动性；帮助众创平台提升风控技术能力，以降低风控努力成本系数。

第四，众创平台过高估计风控任务产出容易导致系统运行失灵，必须控制众创平台第一类过度自信水平。众创平台第一类过度自信水平的提升虽提高了担保投资机构和大众投资者向众创平台提供的风控任务激励系数，但却未能提高众创平台风控任务努力水平。因此，作为理性人的担保投资机构和大众投资者有必要通过信息共享降低众创平台第一类过度自信水平，如若无法降低众创平台第一类过度自信水平，则必须通过强制监督等措施，迫使众创平台付出更多的风控任务努力，以防范系统运行机制失灵和项目融资风险问题。

第五，众创平台第二类过度自信与激励契约设计受到众创平台风险厌恶程度、风控任务产出波动、努力成本系数及众创平台向担保投资机构提供的激励系数等因素影响。由于众创平台第二类过度自信与激励契约中三方参与主体行为决策不存在一致的单调关系，因此，在激励契约履行过程中，异质投资主体及众创平台不能仅通过判定众创平台过度自信水平进行决策，还必须综合考虑众创平台风险厌恶程度、风控任务产出波动等多方面因素。

5.6 本章小结

针对具有担保功能的众创平台融资系统运行过程中复杂的利益相关关系及委托代理问题，考虑众创平台双重过度自信特征，并引入包含众创平台对领投方激励的双向委托概念，设计了基于三阶段动态博弈的具有担保功能的众创平台融资系统动态激励契约模型，验证了参与主体间双向激励机制设计的必要性，从市场参与主体视角和政府视角审视了激励契约中的相关问题为市场机制下具有担保功能的众创平台融资系统中参与主体的行为决策提供了科学依据。本章所构建之动态激励契约模型，在薛力、郭菊娥等构建的市场中领投、跟投和融资方的三方委托代理模型基础上，一是将单一主体努力决策模型拓展到三方努力决策模型；二是考虑了融资方非理性因素对契约模型的影响，使所构建之模型能够更好地刻画现实情景；三是本章所构建之模型认为，异质投资主体在参与平台融资过程中存在着异质目标问题。理论上，探究了众创平台双重过度自信特征对市场机制下具有担保功能的众创平台融资系统动态激励契约中参与主体决策的影响机理，验证了参与主体间双向激励机制设计的必要性；实践上，为市场机制下具有担保功能的众创平台融资系统中参与主体决策提供了科学依据。

6 政府规制下众创平台融资系统动态激励契约设计

基于政府规制下具有担保功能的众创平台融资系统中参与主体间的策略行为关系及系统演化结果，本章设计了政府规制下具有担保功能的众创平台融资系统动态激励契约。首先，就政府规制下具有担保功能的众创平台融资系统运行过程中存在的契约问题进行分析；其次，构建并分析了政府规制下具有担保功能的众创平台融资系统动态激励契约模型；再次，通过系统仿真实验探究了众创平台双重过度自信特征对政府规制下具有担保功能的众创平台融资系统动态激励契约设计的影响机理，对比分析了异质情景下具有担保功能的众创平台融资系统动态激励契约的设计差异和各参与主体行为决策演化结果差异；最后，根据政府规制下具有担保功能的众创平台融资系统动态激励契约分析所示结论，提出了提升政府规制下具有担保功能的众创平台融资系统运行效率的管理策略。

6.1 政府规制下众创平台融资系统契约问题分析

众创平台的发展，离不开政府的政策扶持和以担保投资机构为代表的投资者（以下简称担保投资机构）的资本支持。政府和担保投资机构通过参与众创平台发展，从而满足自身目标需求。从本质上来看，政府、担保投资机构、众创平台之间的复杂关系是一种政府与担保投资机构对众创平台的异质委托代理问题[115]。异质委托代理模型试图模型化下面一类问题：委托人与代理人之间信息存在不对称性，且不同的委托方目标存在异质性，试图通过工具激励代理人按照自己的意愿付出努力，以实现自身利益最大化。异质委托激励契约的关键是如何通过已有信息设计 Nash 均衡契约，激励代理人选择对异质委托人最为有利的策略[218]。动态激励契约中，政府和担保投资机构的各自目标需求不尽一致，进而形成了众创平台发展过程中的异质委托情形[219]。担保投资机构，资本利益的追逐者，寄希望于资本投资以攫取巨额的投资回报[220]。而政府，作为众创平台发展的推动者与倡导者，委托目标具有双重性特征，包括经济性委托和社会性委托[221]，以期在众创平台发展过程中，既能产出经济效益，又能输出社会福利，助力我国社会创新，稳定社会就业。同时，在政府与担保投资机构的异质委托下，众创平台行为策略往往存在非理性特征。我国频频曝出的众创平台在发展过程中的各类问题，形成的最主要的原因就是众创平台的多委托方未能设计有效的动态激励契约以促使众创平台更好的发展。

作为面向大众的创业孵化平台，众创平台模式现已引起国内外研究学者的广泛关注。Lindtner 对众创平台概念进行了解释[222]，Gabriel 等将众创平台解释为一个创造性的学习环境[223]。Eric 认为，众创平台通过吸引个人参与、形成创新思维网络以及降低创业成本三个维度影响创业成功率与质量[224]。Kemp、解学芳和刘芹良、陈武和李燕萍分别对众创平台的生态模式[225,226]与平台组织模式[227]进行了研究。由以上内容可知，众创平台与传统的风险投资机构所不同的是，在功能定位上，众创平台不仅具备传统风险投资机构的风险投资功能，亦可以为双创主体"大众"提供风险投资外的全方位服务，如引入政府扶持、创业学习[227]及产学研协同[228]创新、创业等服务；在效用定位上，众创平台的发展不仅要创造经济效益，亦要兼顾创造社会效益。众创平台贡献的经济任务产出和社会任务产出是衡量众创平台是否有效履行政府委派任务的两大关键指标。

针对政府与担保投资机构对过度自信众创平台的异质委托代理问题，首先对委托代理文献进行梳理，发现，以"理性人"假设为基础的线性委托代理框架[229]，为后续的委托代理研究提供了有益参考。在此基础上，王垒等研究发现，在混合所有制国企中，由于委托主体目标需求的差异性，混合所有制国企的国有股东与非国有股东具有异质性特征[230]。周勤、赵宸元等基于代理人的多重性特征，研究了链式多重委托代理模型[231,232]。

随着研究的不断深入，学者们普遍注意到，委托代理问题中的博弈主体在决策过程中往往存在非理性行为。Simon 考虑到环境的复杂性、信息的不对称性以及人类认知能力的有限性，认为在委托代理研究中，必须考虑博弈主体的有限理性问题[233]。Hambrick 在高阶梯度理论研究中发现，决策者心理特征对决策者的决策和产出具有显著影响[234]，Graham 等研究发现，在众多的决策者非理性行为中，过度自信是最为常见的一种决策者非理性形式[235]；此外，行为实验学家已通过大量的实验研究证实了拥有信息优势的主体往往存在过度自信表现[236]。Robinson 和 Marino 从心理学视角揭示了企业家认知状态是影响企业家过度自信重要因素[237]。但就过度自信与决策者绩效间关系问题，学者们存在较大争议。伊闽南和陈国辉研究认为，决策者过度自信负向影响公司的盈余预测质量[238]；吴士健等在生鲜电商三边道德风险规制研究中认为，过度自信不仅增加了电商企业的代理成本，同时也增加了电商企业的道德风险问题[184]。但是，Hirshleifer 等针对实证研究中过度自信不利于公司绩效结论提出疑问，提出为什么很多公司会雇用过度自信的 CEO 问题，并通过实证研究发现，过度自信的 CEO 更倾向于创新投资，提高了股东收益，为公司创新投资与创新成功赢得了更多的机会[239]；辛冲等基于有限理性假设构建了 CEO 过度自信与新产品开发绩效的理论概念模型，认为 CEO 过度自信对新产品开发绩效具有正向调节作用[240]。此外，王铁南等考虑环境因素研究过度自信对公司绩效的影响，认为，在高信息强度下，CEO 过度自信有利于提升公司绩效，但在低信息强度环境下，CEO 过度自信负向影响公司绩效[241]。

梳理众创平台、委托代理、过度自信相关研究文献发现，众创平台研究文献多集中于众创平台概念、组织模式、盈利模式等方面，而针对众创平台异质委托和众创平台过度自信的相关研究较少，而且，我国众创平台与西方国家众创平台产生根基不同，致使我国众创平台终将从政府鼓励时代向市场需求时代演化，在这个演化过程中，政府在众创平台发展过程中的作用不容忽视。在大众创业、万众创新的大背景下，考虑到掌握大量信息资源的主体的行为决策往往存在非理性特征，而众创平台在整个创业活动中又是处于居间位置，所以，探讨过度自信众创平台在异质委托情景下激励契约模型有着重要的现实意义与理论意义。结合上述研究成果以及众创平台的实际发展背景，本书认为在众创平台异质委托情景下，探讨过度自信众创平台的激励契约问题更能贴合实际。因此，本书将在上述学者研究成果的基础上，基于过度自信众创平台的异质委托情景，构建政府、担保投资机构以及众创平台三方参与主体间的最优激励契约模型。模型中，众创平台将根据政府联同担保投资机构提供的激励契约做出最终决策，而政府与担保投资机构将根据契约动态调整对众创平台的激励系数。

6.2　政府规制下众创平台融资系统动态激励契约模型刻画与假设

6.2.1　问题描述与模型刻画

（1）异质委托问题描述

政府规制下众创平台融资系统运行过程中，政府和担保投资机构作为众创平台融资的重要资本来源，在众创平台融资系统运行过程中和推动众创平台融资系统发展过程中扮演着重要的角色。然而，政府和以担保投资机构为代表的投资者属性决定了二者目标必然存在着异质性问题，这导致了以担保投资机构为代表的投资者同政府在委托代理过程中却存在着异质委托问题。具体而言，以担保投资机构为代表的投资者的资本投资行为以自身经济利益最大化为目标，而政府不仅追求经济效益，同时追求社会效益，这在很大程度上将提升众创平台的运作成本，不利于经济利益的最大化，因此便产生了政府规制下具有担保功能的众创平台融资系统动态激励契约设计过程中不得不考虑的委托方异质委托问题。

（2）动态博弈问题描述

政府作为众创平台发展的推动者与倡导者，通过政府规划、财税政策等手段推动众创平台发展。因此，政府行为可以视作市场的风向标，投资者将以政府政策为指导，通过资本追逐经济利益，这便形成了政府政策对投资者投资行为策略的影响。但是，政府政策的制定必须考虑市场主体的反应，方能实现政策的不断优化。众创平台将根据政府和以担保投资机构为代表的投资者的激励策略做出最终的行为决策。因此，在政府规制下具有担保功能的众创平台融资系统动态激励契约设计过程中必须考虑参与主体间的动态博弈问题。

（3）众创平台双重过度自信特征描述

本章中的众创平台过度双重自信特征指：对于众创平台而言，由于受到政府的双重目标委托，因此众创平台除了产出经济效益，还需产出社会效益。而相较于可以精准测度的经济效益产出，社会效益更加难以准确衡量。此时，处于居间位置的众创平台在掌握大量信息资源的背景下，在创业活动中对社会任务产出中的不确定性成分往往存在"尽在掌握"的过度自信倾向，而实际上是对社会任务产出中不确定性成分的认识不足，包括对波动均值和波动方差的认识不足。

政府规制下具有担保功能的众创平台融资系统动态决策如图 6.1 所示。

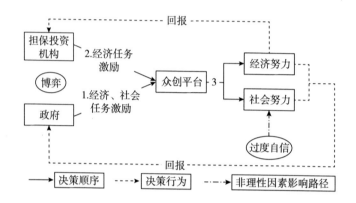

图 6.1　政府规制下具有担保功能的众创平台融资系统动态决策

6.2.2　模型假设

为分析简便，有如下模型假设：

假设 6.1：政府与担保投资机构等异质委托人通过对众创平台的投资与扶持，满足各自经济、社会目标需求。众创平台通过付出努力创造产出，包括"社会任务产出"和"经济任务产出"，且社会任务产出与经济任务产出不相关。参考吴士健等（2017）模型处理方法，假设社会任务产出函数满足线性关系 $\overline{\pi}_s = s + \varepsilon_s$，经济任务产出函数满足线性关系 $\overline{\pi}_e = e + \varepsilon_e$。$s$ 和 e 分别代表众创平台的社会任务努力程度和经济任务努力程度；ε_s 和 ε_e 分别代表众创平台社会任务产出和经济任务产出中的随机扰动因素，分别服从分布 $\varepsilon_s \sim N(u_s, \sigma_s^2)$ 和 $\varepsilon_e \sim N(0, \sigma_e^2)$。$u_s$ 代表众创平台社会任务产出中的随机扰动均值（漂移项），σ_s^2 代表众创平台社会任务产出中的随机扰动方差，σ_e^2 代表众创平台经济任务产出中的随机扰动方差。

假设 6.2：政府目标包括社会目标和经济目标，参考王垒等（2019）模型处理方法，假设政府从众创平台社会任务产出中所获效用的弹性系数为 η^G（即众创平台社会任务产出在政府考核中所占比重），$\eta^G \in [0, 1]$，η^G 越大，代表政府对社会目标的重视程度越高，反之，政府对社会目标的重视程度越低；担保投资机构目标只包含经济目标。

假设 6.3：为研究众创平台可能存在的过度自信倾向对激励契约的影响机理，假定，政府和担保投资机构为完全理性个体，可以正确地理解和 ε_e 的真实分布；但是，对于具有过度自信倾向的众创平台而言，往往存在对社会任务产出中不确定成分认识不足的问题，无法正确认知社会任务产出随机扰动因素项 ε_s 的概率分布[114]，错认为 $\varepsilon_s \sim N(lu_s, (1-k)^2 \sigma_s^2)$。其中 $l \in [0, 1]$，l 越大，代表众创平台对社会任务产出随机扰动均值的过度自信水平越低，此时，众创平台所感知的社会任务产出随机扰动均值小于真实值，为下文分析方便，参考刘新民等（2020）模型处理方法，将众创平台过度低估社会任务产出随机扰动均值的行为称为"第一类过度自信"；$k \in [0, 1]$，k 越大，代表众创平台对社会任务产出随机扰动方差的过度自信水平越高，此时，众创平台所感知的社会任务产出随机扰动方差小于真实值，为下文分析方便，将众创平台过度低估社会任务产出随机扰动方差的行为称为"第二类过度自信"。

假设 6.4：借鉴王垒等（2019）中努力成本函数的设定方法，将具有过度自信倾向的众创平台的努力成本货币化为非线性形式：

$$c(s, e) = \frac{1}{2}\alpha_s(s-lu_s)^2 + \frac{1}{2}\alpha_e e^2$$

其中，$\alpha_s>0$ 和 $\alpha_e>0$ 分别代表众创平台社会任务努力成本系数和经济任务努力成本系数。我国政府当前多采用奖励和补助相结合的扶持模式，通过补助方式降低众创平台的运营成本，以奖励方式激励、引导众创平台满足政府的目标需求。

参考王垒等（2019）模型处理方法，记政府和担保投资机构向众创平台提供的激励契约为：

$\pi_{IS} = S + \beta_e \pi_e + \beta_s \pi_s$

其中，S 为政府和担保投资机构向众创平台提供的固定激励部分，包括政府固定激励 S^G 和担保投资机构固定激励 S^V。β_s 为政府向众创平台社会任务产出提供的动态激励系数；β_e 为政府和担保投资机构向众创平台经济任务产出提供的动态激励系数，包括政府动态激励 β_e^G 和担保投资机构动态激励 β_e^V。

假设 6.5：众创平台为风险规避型偏好，政府和担保投资机构均为风险中性[96]。众创平台的预期收益为 π，那么，众创平台效用函数[210] 为 $U(\pi)=e^{-\rho\pi}$。其中，$\rho>0$ 为众创平台的绝对风险规避系数。相关参数符号与含义如表 6.1 所示。

表 6.1　参数符号与含义：政府规制下众创平台融资系统动态激励契约模型

符号	含义	符号	含义
s	众创平台社会任务努力程度	β_e^G	政府提供的经济任务产出动态激励系数
e	众创平台经济任务努力程度	u_s	众创平台社会任务产出的随机扰动均值
ρ	众创平台绝对风险规避系数	β_s	政府提供的社会任务产出动态激励系数
α_e	众创平台经济任务努力成本系数	β_e^V	担保投资机构提供的经济任务产出动态激励系数
α_s	众创平台社会任务努力成本系数	l	众创平台对社会任务产出的扰动均值过度自信水平
σ_s^2	众创平台社会任务产出的随机扰动方差	k	众创平台对社会任务产出的扰动方差过度自信水平
σ_e^2	众创平台经济任务产出的随机扰动方差	η^G	政府从众创平台社会任务产出所获效用的弹性系数

6.3　政府规制下众创平台融资系统动态激励契约模型构建与分析

根据模型基本假设可知，众创平台预期收益为：

$$E(\pi)=S+\beta_s[s+u_s]+\beta_e e-\frac{1}{2}\alpha_s(s-u_s)^2-\frac{1}{2}\alpha_e e^2 \qquad (6.1)$$

因此，为探究众创平台不同过度自信类型及异质委托情景，对异质委托人"政府"和"担保投资机构"提供的最优激励契约的影响机理，对众创平台的最优努力函数进行分析。基于假设，可以得到异质委托情景下众创平台的确定性等价（IS' Certain Equivalent, ICE）收入为：

$$ICE = S + \beta_s \left[(1+k)s + lu_s \right] + \beta_e e - \frac{1}{2}\alpha_s(s-lu_s)^2 - \frac{1}{2}\alpha_e e^2 - \frac{1}{2}\rho\beta_s^2(1-k)^2\sigma_s^2 - \frac{1}{2}\rho\beta_e^2\sigma_e^2$$

$$(6.2)$$

分别对众创平台确定性等价收入中的社会任务努力程度和经济任务努力程度求解一阶最优化条件，可以得到众创平台的最优社会任务努力程度 s^* 和最优经济任务努力程度 e^*：

$$s^* = \frac{1}{\alpha_s}\left[\beta_s(1+k) + \alpha_s lu_s \right]; \quad e^* = \frac{1}{\alpha_e}(\beta_e^V + \beta_e^C)$$

$$(6.3)$$

（1）政府提供的最优激励契约

政府作为众创平台发展的推动者与倡导者，通过政府规划、财税政策等手段推动众创平台发展[226]。政府，代表全社会的整体利益，因此，政府追求的是众创平台经济任务产出和社会任务产出的"Parteo 最优"，其效用函数包括众创平台的社会任务产出和经济任务产出两部分。但是，政府为众创平台提供激励时，需要支付激励成本 $S^C + \beta_s\pi_s + \beta_e^C\pi_e$，而政府财政 I 是有限的。假定，政府从众创平台社会任务产出和经济任务产出这两个属性中获得的效用偏好是相互独立且满足汤姆森条件[214] 的，那么，政府从众创平台社会任务产出和经济任务产出这两个属性中获得的效用是可加的[242]。因此，政府提供的最优激励契约可用数学规划表述为：

$$\max U^G = \pi_e + \eta^G\pi_s \tag{6.4}$$

$$\begin{cases} s.t.\ S^G + \beta_e^C\pi_e + \beta_s^C\pi_s \leq I \\[2mm] IR.\ ICE \geq \bar{\pi} \\[2mm] IC.\ s^* = \dfrac{\left[\beta_s(1+k) + \alpha_s lu_s \right]}{\alpha_s} \\[4mm] e^* = \dfrac{(\beta_e^V + \beta_e^C)}{\alpha_e} \end{cases}$$

其中，η^G 为政府从众创平台社会任务产出中获得的效用的弹性系数。$S^C + \beta_e^C\pi_e + \beta_s^C\pi_s \leq I$ 表示政府支付的激励成本不可以超过政府财政的承受能力；IR 为众创平台参与约束，IC 为众创平台最优激励相容约束。根据数学规划式（6.4）可以得到政府最优效用函数为：

$$U^G = \pi_e^* + \frac{\eta^G}{\beta_s}\left\{ I + S^V - \bar{\pi} + \beta_s\left[(1+k)s^* + lu_s \right] + \beta_e^V e^* - \frac{1}{2}\alpha_s(s^* - lu_s)^2 - \right.$$

$$\frac{1}{2}\alpha_e e^{*2} - \frac{1}{2}\rho\beta_s^2(1-k)^2\sigma_s^2 - \frac{1}{2}\rho\beta_e^2\sigma_e^2 \Big\} \tag{6.5}$$

（2）担保投资机构提供的最优激励契约

担保投资机构作为众创平台发展的资本助力，单一地追求经济效用最大化。担保投资机构的投资行为不是盲目的，往往会追随政府政策的指引。因此，假设担保投资机构向众创平台提供的最优激励契约晚于政府提供的最优激励契约，即担保投资机构提供的最优激励契约是在政府最优激励契约的基础上得来的。但是，这并不代表政府在向众创平台提供最优激励契约时将不考虑担保投资机构的最优激励契约，而是一个动态的博弈问题，即政府首先提供最优激励契约，担保投资机构后提供最优激励契约。由于担保投资机构具备较强的社会资本融资能力，因此假定担保投资机构可以利用的风险资本是无限的，即本书不考虑担保投资机构的资本约束问题。那么，担保投资机构提供的最优激励契约可用数学规划表述为：

$$\max U^V = (1-\beta_e^V)\pi_e - S^V \tag{6.6}$$

$$\begin{cases} s.t.\ \beta_e^{G*} = \arg\max U^G(\beta_e^G) \\ IR.\ ICE > \bar{\pi} \\ IC.\ s^* = \dfrac{[\beta_s(1+k)+\alpha_s lu_s]}{\alpha_s} \\ e^* = \dfrac{(\beta_e^V + \beta_e^G)}{\alpha_e} \end{cases}$$

根据担保投资机构提供的最优激励契约（6.6）可以得到担保投资机构最优效用函数为：

$$U^V = \frac{1}{\alpha_e}(1-\beta_e^V)(\beta_e^V + \beta_e^G) - S^V \tag{6.7}$$

（3）政府与担保投资机构最优激励契约

根据政府的最优效用函数式（6.5）和担保投资机构的最优效用函数式（6.7），分别求解一阶最优条件，不考虑 Nash 均衡约束，可以得到如下关系：

$$\beta_e^{V*} = \frac{1}{2}(1-\beta_e^G) \tag{6.8}$$

$$\beta_e^{G*} = \frac{\beta_s - \eta^G\beta_e^V}{\eta^G(\alpha_e\rho\sigma_e^2+2)} \tag{6.9}$$

$$\beta_s^* = \left\{ \frac{\alpha_s \left[8(I+S^V-\overline{\pi}) \alpha_e + 2(1-\beta_e^{G^2}) - (1+\rho\alpha_e\sigma_e^2)(1+\beta_e^G)^2 \right]}{4\alpha_e \left[(1+k)^2 - (1-k)^2 \rho\alpha_s\sigma_s^2 \right]} \right\}^{\frac{1}{2}} \quad (6.10)$$

式中，β_e^V、β_e^G 和 β_s 分别表示非 Nash 均衡下，担保投资机构向众创平台提供的经济任务产出最优动态激励系数、政府向众创平台提供的经济任务产出最优动态激励系数和政府向众创平台提供的社会任务产出最优动态激励系数。

由于 $\beta_e = \beta_e^G + \beta_e^V$，因此，联立政府向众创平台提供的最优激励契约式（6.4）和担保投资机构向众创平台提供的最优激励契约式（6.6），可以直接得到 Nash 均衡契约下政府向众创平台提供的经济任务产出最优动态激励系数表达式为（由四阶—五阶 Runge-kutta 算法求得）：

$$\beta_e^{G^*} = \frac{N^{\frac{1}{2}} - \left[\left(\frac{3}{2} + \rho\alpha_e\sigma_e^2 \right) \eta^{G^2} M + 2\alpha_s(1+\rho\alpha_e\sigma_e^2) \right]}{(3+2\rho\alpha_e\sigma_e^2)^2 \eta^{G^2} M + (6+2\rho\alpha_e\sigma_e^2)\alpha_s} \quad (6.11)$$

其中，$M = 4\alpha_e \left[(1+k)^2 - (1-k)^2 \rho\alpha_s\sigma_s^2 \right]$

$$N = \left[\left(\frac{3}{2} + \rho\alpha_e\sigma_e^2 \right) \eta^{G^2} M + 2\alpha_s(1+\rho\alpha_e\sigma_e^2) \right]^2 - 4 \left[\left(\frac{3}{2} + \rho\alpha_e\sigma_e^2 \right) \eta^{G^2} M + \alpha_s(3+\rho\alpha_e\sigma_e^2) \right] \times$$

$$\left[\frac{1}{4} \eta^{G^2} M + \alpha_s(1+\rho\alpha_e\sigma_e^2) - 2\alpha_s - 8(I+S^V-\overline{\pi}) \right]$$

相应地，亦可以得到 Nash 均衡契约下，政府向众创平台提供的社会任务产出最优动态激励系数 β_s^*、担保投资机构向众创平台提供的经济任务产出最优动态激励系数 $\beta_e^{V^*}$、众创平台的最优社会任务努力程度 s^* 和最优经济任务努力程度 e^*。

（4）讨论与分析

通过对政府向众创平台提供的经济任务产出最优动态激励系数表达式（6.10）分析可知，众创平台第二类过度自信行为将对众创平台社会任务努力程度和经济任务努力程度同时产生影响，进而影响政府、担保投资机构向众创平台提供的最优动态激励系数；而众创平台第一类过度自信行为仅对众创平台社会任务努力程度产生影响，对众创平台经济任务努力程度、政府及担保投资机构向众创平台提供的最优动态激励系数均无影响。这反映出，政府和担保投资机构在向众创平台提供最优激励时，更多考虑的是对市场风险的感知，而非对收益预期的感知。因此，众创平台在发展经营过程中，应努力掌握更加全面的资料信息，降低市场环境中的不确定性波动对项目的影响。

6.4 政府规制下众创平台融资系统动态激励契约仿真分析

为更加形象地刻画政府规制下具有担保功能的众创平台融资系统中众创平台双重过度自信特征是如何影响众创平台努力程度和政府、担保投资机构提供的最优激励的，本章通过算例分析，主要探讨两个问题：①异质委托情景下众创平台社会任务产出在政府考核过程中所占比重是如何影响众创平台决策、期望效用以及政府和担保投资机构提供的最优激励的。②众创平台不同类型过度自信表现是如何影响众创平台决策、期望效用以及政府和担保投资机构提供的最优激励的。

在满足模型假设前提条件下，本章给出政府规制下具有担保功能的众创平台融资系统动态激励契约的参数设置以简要说明模型结论。根据效用函数加性条件中置换参数的相关理论[243]，同时参考王垒等（2019）在国企高管委托代理问题中对政府股东效用弹性系数的设置方法，假设众创平台社会任务产出在政府考核中所占比重 η^G 取 0.1、0.5、0.9，分别代表政府对社会目标的低、中、高重视程度。根据随机扰动理论，同时参考 Kerkhove 和 Vanhoucke 激励合同数值分析过程中的参数设置[244]，假设众创平台的社会任务产出随机扰动均值 $u_s = 1$、社会任务产出与经济任务产出随机扰动方差 $\sigma_s^2 = \sigma_e^2 = 1$。根据风险规避理论，同时又因为风险厌恶系数大于零时，众创平台为风险规避型，因此假定众创平台绝对风险规避系数 $\rho = 0.5$。政府在对众创平台给予财政激励时，政府需要支付一定的资本，同时考虑到政府财政是有限的，而非无限的，因此假定政府财政约束 $I = 5$。此外，假设众创平台社会任务与经济任务努力成本系数 $\alpha_s = \alpha_e = 1$，担保投资机构向众创平台提供的固定激励 $S^V = 2$，众创平台保留收益 $\overline{\pi} = 3$。

6.4.1 双重过度自信与众创平台努力程度

根据 Nash 均衡契约求解结果可知，政府规制下具有担保功能的众创平台融资系统中，众创平台第二类过度自信表现将同时对众创平台社会任务努力程度和经济任务努力程度产生影响；而众创平台第一类过度自信表现仅对众创平台社会任务努力程度产生影响，对众创平台经济任务努力程度无影响。

图 6.2（a）中，政府规制下具有担保功能的众创平台融资系统中，众创平台社会任务努力程度与众创平台第二类过度自信表现间的相互关系受到众创平台社会任务产出在政府考核中所占比重的调节。总体上，随着众创平台社会任务产出在政府考核中所占比重的增加，众创平台社会任务努力程度上升。当众创平台社会任务产出在政府考核中所占比重较小（$\eta^G = 0.1$）时，众创平台社会任务努力程度与众创平台第二类过度自信水平呈正相关关系；当众创平台社会任务产出在政府考核中所占比重取 $\eta^G = 0.5$ 和 0.9 时，众创平台社会任务努力程度随众创平台第二类过度自信水平的上升，呈先下降后上升的现象。这反映出政府规制下具有担保功能的众创平台融资系统中，众创平台第二类过度自信水平的上升，在一定程度上有利于提高众创平台社会任务努力程度。由图 6.2（b）可知，政府规制下具有担保功能的众创平台融资系统中，众创平台经济任务努力程度与众创平台第二类过度自信间的相互关系也将受到众创平台社会任务产出在政府考核中所占比重的调节，但是随着众创平台社会任务产出在政府考核中所占比重的增大，众创平台经济任务努力程度下降，此外，随着众创平台第二类过度自信水平的上升，众创平台经济任务努力程度一致单调下降。

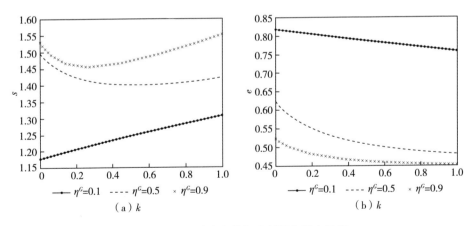

图 6.2　双重过度自信与众创平台努力程度

6.4.2　双重过度自信与政府最优激励契约

根据 Nash 均衡契约求解结果可知，政府规制下具有担保功能的众创平台融资系统中，众创平台第二类过度自信表现将对政府向众创平台提供的社会任务产出和经济任务产出动态激励系数产生影响；而众创平台第一类过度自信表现对政府向众创平台提供的社会任务产出和经济任务产出动态激励系数无影响。

图 6.3（a）中，政府对众创平台社会任务产出提供的动态激励系数与众创平台第二类过度自信表现呈负相关关系，与众创平台社会任务产出在政府考核中所占比重呈正相关关系。众创平台第二类过度自信水平的上升，提高了众创平台社会任务努力程度，降低了政府向众创平台提供的社会任务产出动态激励系数。众创平台社会任务产出在政府考核中所占比重的增加，提高了政府对众创平台社会任务产出的重视程度，进而提高了政府向众创平台提供的社会任务产出动态激励系数。由图 6.3（b）可知，政府向众创平台提供的经济任务产出动态激励系数与众创平台第二类过度自信表现和众创平台社会任务产出在政府考核中所占比重均呈负相关关系。众创平台第二类过度自信水平的上升，不仅降低了众创平台经济任务努力程度，也降低了政府向众创平台提供的经济任务产出动态激励系数。众创平台社会任务产出在政府考核中所占比重的增加，提高了政府对众创平台社会任务产出的重视程度，相较之下，降低了政府对众创平台经济任务产出的重视程度，进而降低了政府向众创平台提供的经济任务产出动态激励系数。

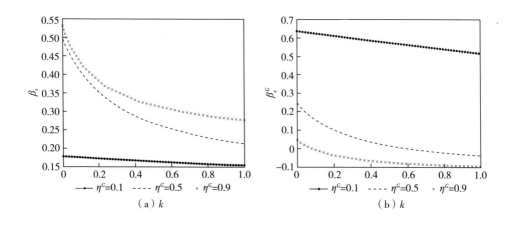

图 6.3 双重过度自信与政府最优激励契约

6.4.3 双重过度自信与担保投资机构最优激励契约

根据 Nash 均衡契约求解结果可知，众创平台第二类过度自信表现将对担保投资机构向众创平台提供的经济任务产出动态激励系数产生影响；而众创平台第一类过度自信表现对担保投资机构向众创平台提供的经济任务产出动态激励系数无影响。

图 6.4 中，担保投资机构向众创平台提供的经济任务产出动态激励系数与众创平台第二类过度自信表现和众创平台社会任务产出在政府考核中所占比重均呈正相关关系。随着众创平台社会任务产出在政府考核中所占比重的增加，担保投资机构向众创平台提供的经济任务产出动态激励系数增大。这表明担保投资机构将借助政府对众创平台在社会任务方面的扶持，加大对众创平台经济任务产出的动态激励，提高众创平台经济任务努力程度，进而提高担保投资机构的投资回报率。众创平台第二类过度自信水平的上升，提高了众创平台社会任务努力程度，却降低了众创平台经济任务努力程度。根据 Nash 的动态博弈理论可知，为维持 Nash 均衡契约的稳定性，担保投资机构必须提高向众创平台提供的经济任务产出动态激励系数，以提高众创平台经济任务努力程度。

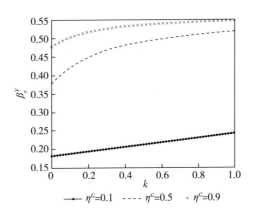

图 6.4 双重过度自信与担保投资机构最优动态激励系数

6.4.4 双重过度自信与众创平台过度自信成本

由于众创平台在执行契约时存在过度自信倾向，且众创平台过度自信倾向对众创平台的决策产生影响，因而在异质委托契约构建过程中应考虑众创平台过度自信成本（Agent Cost，AC）。过度自信成本为正值时代表过度自信降低了众创平台期望效用，反之，过度自信成本为负值时代表过度自信增加了众创平台期望效用。

图 6.5（a）中，众创平台过度自信成本与众创平台第二类过度自信表现呈正相关关系，且众创平台过度自信成本为正值。随着众创平台第二类过度自信水平的上升，众创平台过度自信成本增加。这反映出，众创平台第二类过度自信表现，加大了众创平台的过度自信成本，降低了众创平台期望效用。k 取值一定的条件下，当 $\eta^G = 0.1$ 时，众创平台过度自信成本最低；随着 k 取值的增大，$\eta^G = 0.9$ 时，众创平台的过度自信成本先大于 $\eta^G = 0.5$ 时众创平台的过度自信成本，后小于 $\eta^G = 0.5$ 时众创平台的过度自信成本。这反映出，众创平台第二类过度自信表现对众创平台过度自信成本的影响受到众创平台社会任务产出在政府考核中所占比重的调节。由图 6.5（b）可知，众创平台过度自信成本与众创平台第一类过度自信表现呈负相关关系，且众创平台过度自信成本为负值。随着众创平台第一类过度自信水平的上升，众创平台过度自信成本绝对值增加。这反映出，众创平台第一类过度自信表现，降低了众创平台过度自信成本，增加了众创平台期望效用。l 取值一定的条件下，众创平台过度自信成本与众创平台社会任务产出在政府考核中所占比重负相关。随着众创平台社会任务产出在政府考核中所占比重的增加，众创平台过度自信成本绝对值增加，期望效用增加。

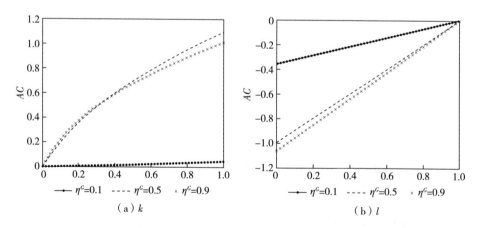

图 6.5 双重过度自信与众创平台过度自信成本

6.4.5 讨论与分析

由模型分析及系统仿真两部分结论可知，众创平台两类过度自信对政府规制下具有担保功能的众创平台融资系统动态激励契约设计具有异质性。

众创平台低估社会任务产出随机扰动均值的行为，仅对众创平台行为演化和过度自信成本、期望效用产生影响，而对政府最优激励契约和担保投资机构最优激励契约无影响。众创平台低估社会任务产出随机扰动均值的行为，降低了众创平台社会任务努力程度和过度自信成本，增加了众创平台期望效用。众创平台低估社会任务产出随机扰动方差的行为，对众创平台行为演化、过度自信成本、政府最优激励契约和担保投资机构最优激励契约均产生影响。众创平台低估社会任务产出随机扰动方差的行为，意味着众创平台对市场中的风险波动认识不足，这使众创平台经济任务努力水平不足，并迫使担保投资机构不得不通过提升向众创平台提供的经济任务产出动态激励系数，来提升众创平台经济任务努力水平；此外，众创平台低估社会任务产出随机扰动方差的行为，降低了政府向众创平台提供的社会任务产出和经济任务产出动态激励系数，这显现出众创平台如若不能有效地控制市场风险，政府可以通过降低对众创平台经济任务激励和社会任务激励的方式，倒逼众创平台及风险投资者努力控制市场风险。

随着众创平台社会任务产出在政府考核中所占比重的提高，政府在参与众创平台建设时，更加看重众创平台发展是否能够服务于政府的社会性任务，而非经济性任务，此时，政府向众创平台提供的社会任务产出动态激励系数上升、经济任务产出动态激励系数下降，而为了迎合政府需要并获得更多的政府投资，众创平台社会任务努力程度上升，经济任务努力程度下降。随着众创平台社会任务产出在政府考核中所占比重的提高，担保投资机构将提高对众创平台经济任务努力的激励水平，同时，政府亦将提高对众创平台社会任务努力的激励水平，这无疑将提升众创平台的社会影响力。因此可以发现，政府对社会产出目标重视程度的上升，并没有因为使众创平台背负沉重的社会负担，而降低了担保投资机构对众创平台的经济激励。

6.5 异质情景下众创平台融资系统动态激励契约对比分析

不同情景下具有担保功能的众创平台融资系统中众创平台的任务存在异质

性。通过对比异质情景下具有担保功能的众创平台融资系统动态激励契约设计和各参与主体行为决策演化结果可以发现：

第一，市场机制下众创平台的主要任务是通过为投资者提供优质的双创项目，提升投资者收益的同时降低投资风险；而在政府规制下众创平台的主要任务是为投资者赢得收益的同时，还需满足政府的社会性规制要求。

第二，不同情景下众创平台均可对经济收益进行准确衡量，但不能准确衡量社会福利输出和风控任务输出，因此造成了不同情景下众创平台过度自信特征的异质性，并对不同情景下具有担保功能的众创平台融资系统的动态激励契约设计造成了异质性影响。

第三，从提升众创平台经济任务努力程度角度来讲，政府规制下应降低众创平台过度低估社会任务产出随机扰动方差的过度自信倾向；市场机制下则应综合考虑众创平台风险厌恶程度、风控任务产出波动、努力成本系数及众创平台向担保投资机构提供的激励系数等因素影响。

第四，市场机制下具有担保功能的众创平台融资系统运行过程中，众创平台过高估计风控任务产出容易导致系统运行失灵，因此必须控制众创平台过高估计风控任务产出的过度自信水平；政府规制下具有担保功能的众创平台融资系统运行过程中，从增加众创平台期望效用、提升众创平台盈利能力的角度来讲，应提升众创平台对社会任务产出认识的过度自信水平。

6.6　管理策略

基于政府规制下具有担保功能的众创平台融资系统运行过程中政府、担保投资机构的异质委托情景和众创平台不同类型的过度自信表现，构建了一个包含政府、担保投资机构及众创平台三方参与主体的动态博弈模型，探讨了众创平台在异质委托情景下不同过度自信表现对众创平台努力程度、过度自信成本以及对政府和担保投资机构向众创平台提供的动态激励系数的影响机理。

由数理模型分析和系统仿真分析可以发现：众创平台社会任务产出在政府考核中所占比重和众创平台的过度自信类型对众创平台决策、政府及担保投资机构向众创平台提供的动态激励系数的影响较为复杂。其中，众创平台社会任务产出在政府考核中所占比重的增加，不仅提高了众创平台社会任务努力程度，同时分别提高了政府和担保投资机构向众创平台提供的社会任务产出动态激励系数和经济任务产出动态激励系数；但是，众创平台社会任务产出在政府考核中所占比重的增加，却降低了众创平台经济任务努力程度以及政府向众创平台提供的经济任务产出动态激励系数。在 Nash 均衡契约下，众创平台不同类型的过度自信表现形式对众创平台决策及政府、担保投资机构向众创平台提供的动态激励系数影响差异很大。具体来看，众创平台过度低估社会任务产出随机扰动均值行为，仅使众创平台对社会任务产出期望认识不足，众创平台社会任务产出在政府考核中所占比重一定的条件下，众创平台必须提高社会任务努力程度，以避免社会任务产出考核不达标问题的出现。然而，众创平台对社会任务产出随机扰动方差的过度自信倾向对众创平台社会任务努力程度、经济任务努力程度、众创平台的期望效用以及政府、担保投资机构向众创平台提供的动态激励系数均存在显著影响。众创平台过度低估社会任务产出随机扰动方差行为，表现出众创平台对创业活动中的风险波动以及不确定性的认识不足，进而降低了政府对众创平台能力的评价，致使政府向众创平台提供的社会任务产出和经济任务产出动态激励系数均下降，进而导致了众创平台经济任务努力程度下降，而为了维持契约的稳定性，担保投资机构必须提高向众创平台提供的动态激励系数。

基于上述研究结论，有如下结论启示：①从提升众创平台经济任务努力程度角度来看，降低众创平台第二类过度自信水平有利于促使众创平台在经济任务中付出更多的努力；但是，从提升众创平台社会任务努力程度角度来讲，应该根据众创平台社会任务产出在政府考核中所占比重，合理地控制众创平台第二类过度自信水平。因此，为平衡众创平台社会任务努力程度与经济任务努力程度间的关系，政府应根据众创平台社会任务产出在政府考核中所占比重，合理地控制众创平台第二类过度自信水平。②从增加众创平台期望效用、提升众创平台盈利能力的角度来看，应鼓励众创平台第一类过度自信表现，增加众创平台对社会任务产出认识的过度自信；同时控制降低众创平台的第二类过度自信表现，提升众创平台搜集市场信息的主动性，提高众创平台对市场波动的感知。③随着众创平台第二类过度自信水平的提高，政府应降低向众创平台提供的社会任务和经济任务动态激励系数，而担保投资机构则需要提高向众创平台提供的经济任务动态激励系数。

6.7　本章小结

从众创平台受到政府与担保投资机构异质委托角度出发，考虑众创平台不同类型的过度自信表现，运用委托代理理论，构建了一个包含政府、担保投资机构及众创平台三方参与主体的动态博弈模型，并求解 Nash 均衡契约，探讨异质委托情景下众创平台双重过度自信特征对众创平台努力程度、过度自信成本以及对政府和担保投资机构提供的动态激励系数的影响机理；对比分析了异质情景下具有担保功能的众创平台融资系统动态激励契约设计和各参与主体行为决策演化结果的差异。研究还发现，政府从众创平台社会任务产出中所获效用的弹性系数也将对众创平台决策、政府与担保投资机构向众创平台提供的动态激励系数产生影响。本章构建的政府规制下具有担保功能的众创平台融资系统的动态激励契约模型，为政府引导、担保投资机构参与下的过度自信众创平台的契约激励设计提供了有益参考。

7 结论与展望

7.1 研究结论

本书剖析了具有担保功能的众创平台融资系统的运行机制，构建了异质情景下具有担保功能的众创平台融资系统的演化博弈模型，设计了异质情景下具有担保功能的众创平台融资系统的动态激励契约，为众创平台融资系统的发展做出了一定贡献。

本书的具体研究工作及结论如下：

7.1.1 建立了具有担保功能的众创平台融资系统分析框架，剖析了融资系统运行机制

在具有担保功能的众创平台融资系统相关概念界定基础上，依托系统管理理论、利益相关者理论、委托代理理论、市场调节与政府规制理论、过度自信理论等理论，建立了具有担保功能的众创平台融资系统分析框架，剖析了系统运行机制。

研究结果表明：

（1）政府是否直接参与并干预众创平台融资活动，影响了具有担保功能的众创平台融资系统的内部矛盾

①政府虽然是众创平台融资系统的利益相关者，然而当政府仅为具有担保功能的众创平台融资系统提供基础的市场环境，并不直接参与众创平台融资活动时，可以将该系统视为市场机制下具有担保功能的众创平台融资系统。市场机制

下具有担保功能的众创平台融资系统运行过程中，系统内的委托代理冲突主要表现在大众投资者同担保投资机构、大众投资者同众创平台、担保投资机构同众创平台之间。②当政府直接参与并干预众创平台融资活动时，那么政府便成为具有担保功能的众创平台融资系统中的博弈主体，可以将该系统视为政府规制下具有担保功能的众创平台融资系统。相较于市场机制下具有担保功能的众创平台融资系统，政府规制下具有担保功能的众创平台融资系统运行过程中，政府参与使众创平台的性质发生了改变，众创平台不仅需要为社会输出经济效益，还要输出社会效益，而且政府参与和众创平台监督双重保险限制了担保投资机构的机会主义行为。因此政府规制下具有担保功能的众创平台融资系统中的主要委托代理冲突不再是大众投资者、担保投资机构同众创平台之间的冲突，而是以担保投资机构为代表的投资者同政府、众创平台间的冲突。

（2）传统平台融资系统运行机制存在明显缺陷

①传统的"领投+跟投"融资模式通过引入职业投资者为大众投资者提供领投服务，其设计初衷是降低大众投资者同融资主体间的信息不对称问题，进而提升投融资效率和交易质量，然而，"领投+跟投"融资模式可以持续稳定运行的前提是，职业投资者愿意为维护声誉不断地投入成本来为大众投资者提供尽职领投服务，显然，"领投+跟投"融资模式并未就职业投资者可能存在的机会主义行为设计有效的约束机制。②传统的"领投+跟投"融资模式为了改进职业投资者机会主义行为无法得到有效约束的问题，设计了担保机构的交易模式，这虽被认为是最安全的平台融资模式，然而平台抽成式的盈利模式却忽略了对平台机会主义行为的约束问题，最终导致大面积的传统网贷平台爆雷事件。

（3）具有担保功能的众创平台融资系统运行机制存在优势

①具有担保功能的众创平台融资系统相较于"领投+跟投"融资系统的结构区别在于：众创平台是系统运行的核心构件，不仅为投融资双方提供匹配服务，而且众创平台的盈利模式不同于传统网贷平台，众创平台一部分盈利是通过提供金融信息获得信息服务费用，另一部分则是根据交易的质量获得激励，这有助于提升众创平台服务投融资主体的积极性，规避众创平台机会主义行为。②"领投+跟投"融资系统中的融资平台仅提供金融信息，风险由投融资主体承担，而在具有担保功能的众创平台融资系统中众创平台深度参与了投融资过程，主导了融资过程，亦承担交易亏损带来的风险。因此，具有担保功能的众创平台融资系统中众创平台会对担保投资机构和双创主体的行为进行监督以规制担保投资机构

和双创主体的机会主义行为，此外，为实现交易的达成，众创平台会对担保投资机构进行激励。③"领投+跟投"融资系统中的担保投资机构并不会付出努力对双创主体的行为进行干预，可谓是"一锤子买卖"，而在具有担保功能的众创平台融资系统中众创平台参与了双创主体的孵化过程，担保投资机构和大众投资者均可通过激励众创平台实现对双创主体行为的干预，这实现了具有担保功能的众创平台融资系统中各参与主体间的动态互动，有利于提升孵化质量，降低投资风险。

（4）具有担保功能的众创平台融资系统运行更加复杂

虽然具有担保功能的众创平台融资系统现有运行机制在一定程度上规避了传统平台融资系统运行过程中存在的一些问题，然而，具有担保功能的众创平台融资系统的结构变得更加复杂，委托代理冲突亦未能完全消除。

7.1.2 探究揭示了异质情景下具有担保功能的众创平台融资系统演化机理

针对异质情景下具有担保功能的众创平台融资系统中的委托代理冲突问题，为规避具有担保功能的众创平台融资系统运行过程中的道德风险问题，提取影响系统演化的关键因素，本书构建了异质情景下具有担保功能的众创平台融资系统的演化博弈模型，通过数理模型和 MATLAB 软件仿真分析，探究了异质情景下具有担保功能的众创平台融资系统中各参与主体的行为策略演化规律，揭示了异质情景下具有担保功能的众创平台融资系统的演化机理。

研究结果表明：

（1）市场机制下具有担保功能的众创平台融资系统运行过程

三方参与主体初始意愿及奖惩机制设计显著影响了市场机制下具有担保功能的众创平台融资系统的演化轨迹。因此，在网贷平台爆雷给平台融资系统的发展造成了巨大的打击，大众投资者参与平台投资的积极性急剧下滑的大背景下，此时众创平台应当：①加强对担保投资机构的行为监管，及时披露担保投资机构的交易记录，加大对担保投资机构未能尽职履责行为的惩罚力度，以规范市场秩序；②必须将自身收益与项目成败和盈利挂钩，重拾消费者信心；③提升优质项目的筛选能力，加强对创业企业融资项目的审核力度，严把质量关，杜绝空壳公司、皮包公司等融资主体参与平台融资，向投资者展示双创项目的发展数据，以提高投资者对未来收益的预期；④提升平台运营技术能力，降低对系统运行监管的成本，进而降低各方参与主体投机意愿；⑤联合双创主体提升对提供尽职领投服务的担保投资机构的奖励水平，进而不断扩大投资主体规模。

（2）政府规制下具有担保功能的众创平台融资系统运行过程

三方参与主体初始意愿及政府规制策略显著影响了政府规制下具有担保功能的众创平台融资系统的演化轨迹。因此，为规制众创平台道德风险问题，鼓励以担保投资机构为领投的投资者参与众创平台融资，政府应当：①降低系统监管成本，但是，政府虽然需要降低系统监管成本才能实现系统的健康运行，却无须过度地投入资金用于监管技术的升级，否则势必浪费大量的人力和物力；②政府向以担保投资机构为领投的投资者提供投资激励后，应通过指标设计、中期考核等方式，迫使投资者积极参与众创平台融资活动；③必须设计转移支付机制，该机制是指当众创平台违规使用投资者资金时，政府应将众创平台违规所得部分转移支付予投资者，该机制既能提升政府监管的积极性和众创平台履职意愿，又可在一定程度上打消投资者对投资安全的后顾之忧；④无须一味地提高众创平台准入门槛，而是应当通过积极监管，培育健康的众创生态环境；⑤待到具有担保功能的众创平台融资系统逐渐发展成熟时，虽然众创平台履职意愿较高，但政府必须警惕其潜在的违规风险，加强市场监管。

7.1.3 设计并分析了异质情景下具有担保功能的众创平台融资系统动态激励契约

针对异质情景下具有担保功能的众创平台融资系统中的委托代理冲突问题，为提升具有担保功能的众创平台融资系统的运行效率，本书设计并分析了异质情景下具有担保功能的众创平台融资系统的动态激励契约。本书所构建的动态激励模型，与薛力、郭菊娥等学者构建的市场中领投、跟投和融资方的三方委托代理模型最为相似，但是，相较于薛力、郭菊娥等学者所构建的模型，本书所构建的模型主要体现在三个方面的创新：一是融资中三方主体均存在努力问题和激励问题，而非一方参与主体的努力问题和激励问题；二是考虑了融资方的风险规避及过度自信问题，更加真实地刻画了现实情景；三是异质投资主体在参与众创平台融资过程中存在着异质目标问题。

研究结果表明：

（1）市场机制下具有担保功能的众创平台融资系统运行过程

就众创平台而言，众创平台作为具有担保功能的众创平台融资系统的主导者，不能仅为异质投资主体提供简单的中介匹配服务和项目搜寻服务，从中抽取交易费用，而是应该更加积极地参与到投融资过程中，引入平台对担保投资机构的激励机制，实现平台收益与交易质量的挂钩，进而提升具有担保功能的众创平台融资系统的运行效率。

就异质投资主体而言，异质投资主体作为具有担保功能的众创平台融资系统的重要参与者，应注意以下问题：①众创平台过高估计其风控任务产出虽提高了担保投资机构和大众投资者向众创平台提供的风控任务激励系数，但却未能提高众创平台风控任务努力水平；②众创平台低估风控任务产出波动性的过度自信水平与激励契约中三方参与主体行为决策不存在一致的单调关系。因此，异质投资主体应当：①通过信息共享降低众创平台过高估计其风控任务产出的过度自信水平，如若无法降低众创平台过高估计其风控任务产出的过度自信水平，则必须通过强制监督等措施，迫使众创平台付出更多的风控任务努力，以防范系统运行机制失灵和项目融资风险问题；②针对众创平台低估风控任务产出波动性的过度自信问题，需考虑众创平台风险厌恶程度、风控任务产出波动、努力成本系数及众创平台向领投方提供的激励系数等多方面因素。

就政府而言，在市场机制下具有担保功能的众创平台融资系统运行过程中，政府应注意以下问题：①绝对风险规避系数的大小虽然在一定程度上可以反映决策主体的风险控制意愿，但是在具有担保功能的众创平台融资系统双向委托过程中，众创平台风险规避系数的提高使领投方忽视了项目风险，致使众创平台得不到足够的风控任务激励；②众创平台对担保投资机构激励机制的引入，虽然有利于实现融资系统中不同参与主体职能的有效划分，进而降低融资风险、提高融资成功率，但过高的激励系数亦会降低众创平台的经济任务努力水平，此时契约中的大众投资者却在不明所以地追加对众创平台的经济任务激励，与现实情景中的高利贷放贷吸储模式如出一辙；③众创平台风控任务产出波动水平的提高降低了众创平台风控任务努力水平，致使融资风险难以控制。因此，当市场机制下具有担保功能的众创平台融资系统运营过程中出现上述问题，此时政府应：①提升具有担保功能的众创平台融资系统运行过程中的风险识别能力、完善风险评估体系，不可将众创平台风险厌恶指标作为唯一度量指标，并加大对众创平台的风险管控，迫使众创平台提高风控投入；②针对具有担保功能的众创平台融资系统运行过程中可能存在的不可持续的"高利贷吸储"问题予以警惕，打击非法吸储现象，规范平台投融资环境；③通过整合社会资源，帮助融资企业进行创业孵化，提升创业稳定性，降低项目波动；帮助众创平台提升风控技术能力，以降低风控努力成本系数。

（2）政府规制下具有担保功能的众创平台融资系统运行过程

①随着众创平台低估社会任务产出波动性的过度自信水平提高政府应降低向众创平台提供的社会任务和经济任务动态激励系数，而以担保投资机构为代表的大众投资者则需要提高向众创平台提供的经济任务动态激励系数；②众创平台低估社会任务产出随机扰动均值过度自信水平的提高，抑制了众创平台经济任务努力程度，削弱了政府和投资者向众创平台提供的经济任务激励的影响，因此，政府应及时地对众创平台输出的社会福利进行评估，并分享信息予众创平台，进而降低众创平台低估社会任务产出随机扰动均值的过度自信水平，提升众创平台经济任务努力水平。

7.1.4 对比分析了不同情景下具有担保功能的众创平台融资系统演化与动态激励契约设计的异质性

通过对不同情景下具有担保功能的众创平台融资系统演化与动态激励契约设计的异质性进行分析，可以发现：①当市场环境不佳，各方投资者参与融资积极性不高时，具有担保功能的众创平台融资系统，应采取多方参与的双重治理体制，并引入罚金转移支付、参与主体间双向激励、主导核心的奖惩等机制，以重拾各方参与主体信心；②随着具有担保功能的众创平台融资系统发展逐渐趋于健康稳定，政府应再次将具有担保功能的众创平台融资系统运行的主导权交还给市场，通过市场调节机制来维持具有担保功能的众创平台融资系统的健康运行，但政府不能放松对融资系统的监管力度；③异质情景下众创平台双重过度自信特征对融资系统中参与主体决策的影响存在着异质性，因此，具有担保功能的众创平台融资系统运行过程中，激励契约的设计不仅应考虑运行环境的异质性，同时应考虑众创平台双重过度自信而产生的影响。

7.2 研究展望

本书在担保机构担保交易模式的基础上，基于系统管理理论、利益相关者理论、委托代理理论，建立了异质情景下具有担保功能的众创平台融资系统分析框架，剖析了具有担保功能的众创平台融资系统运行机制；在此基础上，为规制系统运行风险、提取影响系统运行稳定性的关键因素，揭示具有担保功能的众创平台融资系统的演化机理，构建了具有担保功能的众创平台融资系统中参与主体间的演化博弈模型；为进一步提升具有担保功能的众创平台融资系统的运行效率，设计了具有担保功能的众创平台融资系统动态激励契约模型。然而，受研究条件所限，未能进一步对具有担保功能的众创平台融资系统如何应对市场挤兑、如何通过收益共享契约实现利益的捆绑，进而提升各方参与主体积极性等问题进行分析，属于本书的研究不足，也将是未来研究的拓展点。具体如下：

第一，在担保机构担保交易模式的基础上，本书提出的具有担保功能的众创平台融资系统虽然优化了系统运行机制，然而具有担保功能的众创平台融资系统在市场陷入挤兑的大环境下，仍然不可能独善其身。存款准备金制度作为一般性货币政策工具可以很好地保证金融机构对客户的正常支付，然而存款准备金制度却不能生搬硬套于具有担保功能的众创平台融资系统的发展，存款准备金制度的引入势必加重众创平台的运营负担；可以通过按比例发放融资款于双创主体的形式实现存款准备金制度的功能。需要注意的是，具有担保功能的众创平台融资系统是普惠金融的产物，过高的扣押比例必然降低双创主体使用融资款的效率，而过低的扣押比例又无法应对市场挤兑现象。本书认为，双创主体能够获得融资不外乎其掌握了过硬的技术、可行的创意或者可以直接质押的资产，可以质押的资产具有良好的变现能力，可以直接用于兑换准备金；而技术和创意变现较难，且难以转换为债券抵押给投资者，这便给准备金制度的应用带来了困难。

第二，具有担保功能的众创平台融资系统运行过程中参与主体机会主义行为直接导致了道德风险问题，将致使大众投资者抵触风险投资，收益共享契约的建立有利于实现各方利益的捆绑，避免系统性风险的发生。然而在具有担保功能的众创平台融资系统运行过程中，各方参与主体扮演着完全不同的角色，且贡献难以度量，这给各方参与主体收益分成比例的确定带来了麻烦。

参考文献

［1］金银亮．基于社会资本的小微企业融资机制研究［J］．金融理论与实践，2017（3）：108-112.

［2］蒋雨宏．美国风险投资的发展历程与启示［J］．经贸实践，2015（15）：29-30.

［3］陆羽中，田增瑞，常焙筌．国际创业投资研究热点与趋势的可视化分析［J］．科研管理，2020，41（4）：250-262.

［4］Tian X，Udell G F，Yu X. Disciplining delegated monitors：When venture capitalists fail to prevent fraud by their IPO firms［J］. Journal of Accounting & Economics，2016，61（2-3）：526-544.

［5］Krishnan C N V，Ivanov V I，Masulis R W，et al. Venture capital reputation，post-IPO performance，and corporate governance［J］. Journal of Financial & Quantitative Analysis，2011，46（5）：1295-1333.

［6］Nahata R. Venture capital reputation and investment performance［J］. Journal of Financial Economics，2008，90（2）：127-151.

［7］Faria A P，Barbosa N. Does venture capital really foster innovation？［J］. Economics Letters，2014，122（2）：129-131.

［8］Hirukawa M，Ueda M. Venture capital and innovation：Which is first？［J］. Cepr Discussion Papers，2008，16（4）：421-465.

［9］Parris S，Demirel P. Innovation in venture capital backed clean-technology firms in the UK［J］. Strategic Change，2010，19（7-8）：343-357.

［10］Ko E J，Alexander M. Signaling for more money：The roles of founders human capital and investor prominence in resource acquisition across different stages of firm development［J］. Journal of Business Venturing，2018，33（4）：438-454.

［11］魏喜武，陈德棉．政府应对创业风险投资波动的策略研究［J］．武汉金融，2012（5）：36-38.

［12］牛华伟，顾铭．基于道德风险的天使投资最优融资合约研究［J］．科研管理，2020，41（3）：110-118.

［13］冯冰，杨敏利，郭立宏．政府引导基金投资对创业企业后续融资的影响机制研究［J］．科研管理，2019，40（4）：112-124.

［14］Bertoni F，Colombo M G，Croce A. The effect of venture capital financing on the sensitivity to cash flow of firm's investments［J］. European Financial Management，2010，16（4）：528-551.

［15］樊洪，王敏，潘岳奇．创业投资促进高新技术企业成长：资金支持与管理支持的作用［J］．科技进步与对策，2012，29（11）：1-4.

［16］黄福广，彭涛，田利辉．风险资本对创业企业投资行为的影响［J］．金融研究，2013（8）：180-192.

［17］Hall G，Wahab K A. Influences on the survival and failure of small firms in Malaysia［J］. International Journal of Business and Globalisation，2007，1（1）：88-106.

［18］严子淳，刘刚，梁晗．风险投资人社会网络中心性对新三板企业创新绩效的影响研究［J］．管理学报，2018，15（4）：523-529.

［19］Hellmann T，Puri M. Venture capital and the professionalization of start-up firms：Empirical evidence［J］. Journal of Finance，2000，57（1）：169-197.

［20］袁蓉丽，文雯，汪利．风险投资和IPO公司董事会治理——基于倾向评分匹配法的分析［J］．中国软科学，2014（5）：118-128.

［21］陈阵，王雪．创新行为、沉没成本与企业生存——基于我国微观数据的实证分析［J］．科学学与科学技术管理，2014（10）：142-149.

［22］苟燕楠，董静．风险投资背景对企业技术创新的影响研究［J］．科研管理，2014，35（2）：35-42.

［23］金永红，蒋宇思，奚玉芹．风险投资参与、创新投入与企业价值增值［J］．科研管理，2016，37（9）：59-67.

［24］陈思，何文龙，张然．风险投资与企业创新：影响和潜在机制［J］．管理世界，2017（1）：158-169.

［25］曾庆生，陈信元，洪亮．风险投资入股、首次过会概率与IPO耗

时——来自我国中小板和创业板的经验证据［J］. 管理科学学报，2016，19（9）：18-33.

［26］许昊，万迪昉，徐晋. 风险投资改善了新创企业 IPO 绩效吗？［J］. 科研管理，2016，37（1）：101-109.

［27］赵静梅，傅立立，申宇. 风险投资与企业生产效率：助力还是阻力？［J］. 金融研究，2015（11）：159-174.

［28］向永泉. 论房地产投资信托的制度特性［J］. 改革与战略，2006（8）：63-64.

［29］范寅. 美国 REITs 的发展及对我国的启示［J］. 经济导刊，1999（1）：65-68.

［30］龙胜平. 伞型基金：我国房地产投资信托管理的新模式［J］. 经济导刊，2007（7）：45-47.

［31］谢平，邹传伟. 互联网金融模式研究［J］. 金融研究，2012（12）：11-22.

［32］Ahlers G K C, Cumming D J, Guenther C, et al. Signaling in equity crowdfunding［J］. SSRN Electronic Journal, 2012, 39（4）：1-44.

［33］Belleflamme P, Lambert T, Schwienbacher A. Individual crowdfunding practices［J］. Venture Capital, 2013, 15（4）：313-333.

［34］李倩，王璐瑶. 中国股权众筹运作模式及风险研究［J］. 沈阳工业大学学报（社会科学版），2015，8（5）：436-441.

［35］夏恩君，李森，赵轩维. 股权众筹投资者动机研究［J］. 科研管理，2017，38（12）：78-88.

［36］钱颖，朱莎. 股权众筹投资者决策行为影响因素研究［J］. 科技进步与对策，2017，34（13）：25-29.

［37］赵尧，鲁篱. 股权众筹职业投资者的功能解析与金融脱媒［J］. 财经科学，2015（12）：28-36.

［38］李森，赵轩维，夏恩君. 股权众筹项目融资成功率判别——Logistic 回归与神经网络模型的比较分析［J］. 技术经济，2018，37（9）：80-91.

［39］Mohammadi A, Shafi K. Gender differences in the contribution patterns of equity-crowdfunding investors［J］. Small Business Economics, 2018, 50（2）：1-13.

［40］Cummings M E, Rawhouser H, Vismara S, et al. An equity crowdfunding research agenda：evidence from stakeholder participation in the rulemaking process [J]. Small Business Economics，2019（3）：1-26.

［41］杨硕. 股权众筹的国外立法框架比较与我国本土化路径安排［J］. 江西社会科学，2018，38（1）：158-167.

［42］刘冀. 农村基金型担保融资的新尝试——湖北云梦沙河乡基金型担保组织调查［J］. 财贸研究，2003（5）：54-58.

［43］王玉冬，田红燕. 中小医药企业 BPR 联盟担保融资模式研究［J］. 中国科技论坛，2007（5）：75-78.

［44］Grossman S J，Hart O D. The costs and benefits of ownership：A theory of vertical and lateral integration ［J］. Journal of Political Economy，1986，94（4）：691-719.

［45］Hart O，Moore J. A Theory of Corporate Financial Structure Based on the Seniority of Claims ［J］. STICERD-Theoretical Economics Paper Series，1990.

［46］范晓宇. 知识产权担保融资契约不完全性之克服［J］. 浙江金融，2010（1）：53-54.

［47］聂洪涛. 知识产权担保融资中的政府角色分析［J］. 科技进步与对策，2014，31（24）：104-108.

［48］王明征，李秋珍，刘伟伟. 寄销供应链的信用担保融资协调机制研究［J］. 管理工程学报，2019，33（2）：211-218.

［49］刘海明，王哲伟，曹廷求. 担保网络传染效应的实证研究［J］. 管理世界，2016（4）：81-96，188.

［50］Emanuele B. Innovation financing and the role of relationship lending for SMEs ［J］. Small Business Economics，2015，44（2）：449-473.

［51］吴佳哲. 基于羊群效应的 P2P 网络借贷模式研究［J］. 国际金融研究，2015，343（11）：88-96.

［52］周灿. 我国股权众筹运行风险的法律规制［J］. 财经科学，2015（3）：14-21.

［53］周勤，车天骏，庄雷. 股权众筹、控股比例和锚定效应［J］. 财贸经济，2017，38（10）：51-66.

［54］李晓鑫，曹红辉. 信息披露、投资经验与羊群行为——基于众筹投资的研究［J］. 财贸经济，2016，37（10）：72-86.

［55］方兴. 领投人能促进股权众筹项目成功吗？［J］. 中国经济问题，2017（6）：122-133.

［56］Merton R C，Bodie Z. On the management of financial guarantees［J］. Financial Management，1992（21）：87-87.

［57］Pham H D. Determinants of new small and medium enterprises（SMEs）access to bank credit：Case study in the Phu Tho Province，Vietnam［J］. International Journal of Business & Management，2017，12（7）：83-90.

［58］杜军，韩子惠，焦媛媛. 互联网金融服务的盈利模式演化及实现路径研究——以京东供应链金融为例［J］. 管理评论，2019，31（8）：277-294.

［59］Barro R J. The loan market，collateral，and rates of interest［J］. Journal of Money，Credit and Banking，1976（8）：439-456.

［60］Chan Y S，George K. Asymmetric valuations and the role of collateral in loan agreement［J］. Journal of Money Credit and Banking，1985，17（1）：84-95.

［61］Stiglitz J E，Weiss A. Credit rationing in markets with imperfect information［J］. American Economic Review，1981（71）：393-411.

［62］Meza D D，Webb D C. Too much investment：A problem of asymmetric information［J］. Quarterly Journal of Economics，1987，102（2）：81-92.

［63］Udell B G F . Relationship lending and lines of credit in small firm finance［J］. The Journal of Business，1995，68（3）：351-381.

［64］文学舟，张海燕，蒋海芸. 小微企业融资中银企信任机制的形成及演化研究——基于信用担保介入的视角［J］. 经济体制改革，2019，216（3）：145-152.

［65］车泰根，庄新田，苏艳丽. 基于演化博弈的小额贷款公司运行机制研究［J］. 东北大学学报（自然科学版），2017，38（5）：756-760.

［66］李小莉，辛玉红. 基于供应链金融的中小企业信贷市场演化分析［J］. 运筹与管理，2017，26（10）：101-105.

［67］马国建，张冬华. 中小企业信用再担保体系经济效益研究［J］. 软科学，2010（7）：111-115.

［68］汪辉，邓晓梅，杨伟华，冯珂. 中小企业信用再担保体系演化稳定条件分析［J］. 中国管理科学，2016，24（7）：1-10.

［69］周四清，郭琴. 互联网金融创新与监管边界的演化博弈分析［J］. 经

济数学，2016（1）：18-24.

［70］刘伟，夏立秋，王一雷. 动态惩罚机制下互联网金融平台行为及监管策略的演化博弈分析［J］. 系统工程理论与实践，2017，37（5）：1113-1122.

［71］车泰根，庄新田，苏艳丽. 基于三群体演化博弈的小额贷款公司风险补贴机制研究［J］. 预测，2017，36（5）：55-61.

［72］Diamond D W. Financial intermediation and delegated monitoring［J］. Review of Economic Studies，1984，51（3）：393-414.

［73］Scharfstein B D S. A theory of predation based on agency problem in financial contracting［J］. American Economic Review，1990，80（1）：93-106.

［74］Hart O，Moore J. Default and renegotiation：A dynamic model of debt［J］. Quarterly Journal of Economics，1998，113（1）：1-41.

［75］Abren D，Pearce D，Stacchetti E. Optimal cartel equilibria with imperfect monitoring［J］. Journal of Economic Theory，1986，39（1）：251-269.

［76］Green E J. Lending and the smoothing of uninsurable income［J］. Contractual Arrangements for Intertemporal Trade，1987（1）：3-25.

［77］Phelan C，Townsend R M. Computing multi－period，information－constrained optima［J］. Review of Economic Studies，1991，58（5）：229-265.

［78］Hart O. Financial contracting［J］. Journal of Economic Literature，2001，39（4）：1079-1100.

［79］仇荣国，孔玉生. 基于企业生命周期的科技型小微企业信贷融资机制［J］. 系统工程，2017，35（1）：13-22.

［80］Rin M D，Hellmann T F，Puri M. A survey of venture capital research［M］. Social Science Electronic Publishing，2011：573-648.

［81］王倩，邵华璐. 不对称信息条件下中小企业股权众筹问题研究［J］. 经济纵横，2017（10）：60-66.

［82］刘克宁，宋华明. 市场价格信息不对称的银企融资决策［J］. 控制与决策，2016，31（4）：647-655.

［83］Hart O，Moore J. Property rights and the nature of the firm［J］. Journal of Political Economy，1990，98（6）：1119-1158.

［84］Cohen M，Katz S P，Sadka G. Debt covenants and capital structure：Evidence from an exogenous shock to debt capacity［J］. SSRN Electronic Journal，2012

（1）：1-55.

［85］陈超，李镕伊. 债券融资成本与债券契约条款设计［J］. 金融研究，2014（1）：44-57.

［86］Sah R K, Stiglitz J E. The architecture of economic systems: Hierarchies and polyarchies［J］. American Economic Review, 1986（76）：716-727.

［87］Admati A R, Pfleiderer P. Robust financial contracting and the role of venture capitalists［J］. Journal of Finance, 1994, 49（2）：371-402.

［88］Casamatta C. Financing and advising: Optimal financial contracts with venture capitalists［J］. Journal of Finance, 2003（58）：2059-2086.

［89］张新立，杨德礼. 风险资本联合投资的激励契约设计［J］. 中国管理科学，2007，15（1）：106-111.

［90］岳意定，王远方. 互联网金融中的监管问题：基于激励理论的分析框架［J］. 求索，2017（2）：129-134.

［91］丁川，李爱民. 风险投资控制权分配与企业家激励：基于质量努力和管理努力的视角［J］. 科研管理，2020，41（5）：213-230.

［92］薛力，郭菊娥. 风险投资机构内部融资模式对风险投资家股权投资策略的影响［J］. 系统管理学报，2018，27（2）：201-207.

［93］郭菊娥，熊洁. 股权众筹支持创业企业融资问题研究［J］. 华东经济管理，2016，30（1）：179-184.

［94］曾光辉. 推进"信易贷"服务中小企业融资［J］. 宏观经济管理，2021（4）：34-39，47.

［95］杨大楷，韩其成. 民营企业商业信贷配给与相应信用担保体系完善［J］. 财政研究，2003（7）：60-62.

［96］徐鹏. 过度自信视角下线上农产品供应链金融激励契约研究［J］. 管理工程学报，2020，34（4）：60-67.

［97］Stiglitz J E. Incentives, risk, and information: Notes towards a theory of hierarchy［J］. Bell Journal of Economics, 1975, 6（2）：552-579.

［98］马松，潘珊，姚长辉. 担保机构与中小企业贷款：银行视角下的合谋还是合作？［J］. 财经研究，2015，41（7）：41-53.

［99］Mirrlees J. The optimal structure of authority and incentives within an organization［J］. Bell Journal of Economics, 1976, 7（1）：105-131.

［100］Hoknstrom B, Milgrom P. Aggregation and linearity in the provision of in-tertemporal incentives ［J］. Econometrica, 1987, 55 (2): 303-328.

［101］Myers S C, Majluf N S. Corporate financing decisions when firms have information investors do not have ［J］. Journal of Financial Economics, 1984, 13 (2): 187-221.

［102］Fazzari S M, Hubbard R G, Petersen B C. Financing constraints and cor-porate investment ［J］. Brookings Papers on Economic Activity, 1988 (1): 141-206.

［103］Kaplan S N, Zingales L. Do investment-cash flow sensitivities provide use-ful measures of financing constraints? ［J］. Quarterly Journal of Economics, 1997, 112 (1): 169-215.

［104］Jensen M, Meckling W. Theory of the firm: Managerial behaviour, agen-cy costs and ownership structure ［J］. Journal of Financial Economics, 1976, 3 (4): 305-360.

［105］Sahlman W A. The structure and governance of venture-capital organization ［J］. Journal of Financial Economics, 1990, 27 (2): 473-521.

［106］Kandel E, Leshchinskii D, Yuklea H. VC funds: Aging brings myopia ［J］. Journal of Financial and Quantitative Analysis, 2011, 46 (2): 431-457.

［107］Chakraborty I, Ewens M. Managing performance signals through delay: Evidence from venture capital ［J］. Management Science, 2017 (10): 1-26.

［108］Amit R, Brander J, Zott C. Why do venture capital forms exist? Theory and Canadian evidence ［J］. Journal of Business Venturing, 1998, 13 (6): 441-446.

［109］Wang S, Zhou H. Staged financing in venture capital: Moral hazard and risks ［J］. Journal of Corporate Finance, 2004, 50 (5): 1461-1489.

［110］Bernstein S, Giroud X, Townsend R R. The impact of venture capital mo-nitoring ［J］. The Journal of Finance, 2016, 71 (4): 1591-1622.

［111］Holmstrom B. Managerial Incentive Problems: A Dynamic Perspective ［J］. Review of Economic Studies, 1999, 66 (1): 169-182.

［112］Gibbons R. Incentives between firms ［J］. Management Science, 2005, 51 (1): 2-17.

［113］夏轶群, 梁冉. 科技型中小企业专利质押融资信用风险分担机制研究——基于多任务委托—代理模型 ［J］. 南方金融, 2019 (3): 42-48.

[114] 王垒, 刘新民, 丁黎黎. 异质委托情景下国企过度自信高管激励合同设计 [J]. 系统管理学报, 2019, 28 (1): 134-140, 154.

[115] 魏光兴, 唐瑶. 考虑偏好异质特征的锦标竞赛激励结构与效果分析 [J]. 运筹与管理, 2017, 26 (9): 113-126.

[116] 王垒, 曲晶, 赵忠超, 丁黎黎. 组织绩效期望差距与异质机构投资者行为选择: 双重委托代理视角 [J]. 管理世界, 2020, 36 (7): 132-153.

[117] 付桂存. 中小企业股权众筹的融资风险及其防控机制 [J]. 河南师范大学学报 (哲学社会科学版), 2016, 43 (5): 86-91.

[118] 王金杰, 盛玉雪. 社会治理与地方公共研发支出——基于空间倍差法的实证研究 [J]. 南开经济研究, 2020 (1): 199-219.

[119] 陈其安, 陈抒妤, 沈猛. 地方政府与投融资平台: 基于政府担保和激励视角的委托代理模型 [J]. 系统管理学报, 2018, 27 (1): 72-82, 92.

[120] Grosse G, Reichard C. Municipal corporatization in Germany and Italy [J]. Public Management Review, 2008, 10 (5): 597-617.

[121] Borisova G, Brockman P, Salas J M, et al. Government ownership and corporate governance: Evidence from the EU [J]. Journal of Banking & Finance, 2012, 36 (11): 2917-2934.

[122] Nguyen T T, Van D M A. Corruption, growth, and governance: Private vs. State-owned firms in Vietnam [J]. Journal of Banking & Finance, 2012, 36 (11): 2935-2948.

[123] 王晓曦. 我国政府众创平台的制度缺陷和风险机理研究 [J]. 财政研究, 2010 (6): 59-61.

[124] 吴凡, 祝嘉, 卢阳春. 国有固定资产投资的经济增长效应研究——暨论地方投融资平台的规范发展 [J]. 软科学, 2013, 27 (5): 21-25, 31.

[125] 张洁梅, 王钰沛, 张玉平. 利益相关者视角的地方政府众创平台风险管理研究 [J]. 管理评论, 2019, 31 (3): 61-70.

[126] 严宝玉, 方昕, 张柏杨. 众创平台市场化转型: 正本清源还是舍本逐末 [J]. 财经科学, 2020 (8): 13-24.

[127] Weinstein ND. Unrealistic optimism about future life events [J]. Journal of Personality & Social Psychology, 1980, 39 (5): 806-820.

[128] 杨隽萍, 肖梦云, 于青青. 创业失败是否影响再创业的风险感知行

为？——基于认知偏差的研究 [J]. 管理评论，2020，32（2）：115-126.

[129] Soll JB, Klayman J. Overconfidence in interval estimates [J]. Journal of Experimental Psychology：Learning Memory and Cognition，2004，10（2）：299-314.

[130] Clayson DE. Performance overconfidence：Metacognitive effects or misplaced student expectations? [J]. Journal of Marketing Education，2005，27（2）：122-129.

[131] Glaser M, Weber M. Overconfidence and trading volume [J]. Geneva Risk & Insurance Review，2007，32（1）：1-36.

[132] Malmendier U, Tate G. CEO Overconfidence and corporate investment [J]. Journal of Finance，2005，60（6）：2661-2700.

[133] 余明桂，夏新平，邹振松. 管理者过度自信与企业激进负债行为 [J]. 管理世界，2006（8）：104-112.

[134] 张艾莲，潘梦梦，刘柏. 过度自信与企业融资偏好：基于高管性别的纠偏 [J]. 财经理论与实践，2019，40（4）：53-59.

[135] 徐示波. 基于政策工具视角下众创空间发展政策研究 [J]. 中国科技论坛，2019（6）：29-39.

[136] Haber S. Crony capitalism and economic growth in Latin America：Theory and evidence [M]. Hoover Press, Stanford，2002：157-157.

[137] Zhou W. Bank financing in China's private sector：the payoff s of political capital [J]. World Development，2009，37（4）：787-799.

[138] Zhou W. Determinants and effects of research partnerships in China's emerging market [J]. Contemporary Economic Policy，2012，30（1）：129-147.

[139] North D C. Understanding the process of economic change [M]. Princeton University Press，2005：155-166.

[140] 宁亮. 基于政府行为的创业环境改善研究 [J]. 湖南大学学报：社会科学版，2009，23（1）：61-63.

[141] 张立荣，姜庆志. 国内外服务型政府和公共服务体系建设研究述评 [J]. 政治学研究，2013（1）：104-115.

[142] 刘畅，李兆友. 创业公共服务体系的构建研究 [J]. 云南民族大学学报（哲学社会科学版），2018，35（3）：120-126.

[143] 王炜，罗守贵. 基于三螺旋模型的上海区位—产业类型—产业垂直关

联的实证分析〔J〕. 系统管理学报, 2016, 25 (6): 1075-1082.

〔144〕 Leydesdorff L. The Triple Helix－University－industry－government relations: A laboratory for knowledge based economic development〔J〕. Easst Review, 1995, 14 (1): 14-9.

〔145〕辜胜阻, 余贤文, 杨嵋. 优化"双创"生态与实现"双创"升级的制度政策选择〔J〕. 财经科学, 2018 (5): 56-66.

〔146〕刘文澜, 聂风华. MIT 多组织、开放式创业生态系统探析〔J〕. 清华大学教育研究, 2019, 40 (5): 97-104.

〔147〕吴健雄. 中小企业动产担保融资的法律冲突及对策〔J〕. 预测, 2011, 30 (6): 30-34+52.

〔148〕周世愚. 地方政府债务风险: 理论分析与经验事实〔J〕. 管理世界, 2021, 37 (10): 128-138.

〔149〕刘新民, 孙向彦, 吴士健. 政府规制下众创空间创业生态系统发展的演化博弈分析〔J〕. 商业经济与管理, 2019 (4): 71-85.

〔150〕黄永春, 姚远虎, 徐军海, 胡世亮. 规模扩张还是产品研发?——创业资助对新生企业家创业导向的影响〔J〕. 科学学研究, 2020, 38 (2): 296-305.

〔151〕 Berardi M. Credit rationing in markets with imperfect information〔J〕. Social ence Electronic Publishing, 2007, 71 (3): 393-410.

〔152〕 Hochberg Y V, Sapienza P, G-Jorgensen A V. A Lobbying approach to evaluating the sarbanes-oxley act of 2002〔J〕. Journal of Accounting Research, 2009, 47 (2): 519-583.

〔153〕董晓林, 朱敏杰, 杨小丽. 信息约束、网络结构与小微金融普惠机制设计——兼论我国互联网众创平台的规范发展〔J〕. 金融经济学研究, 2016, 31 (5): 96-105.

〔154〕张皓星, 黄益平. 情绪、违约率与反向挤兑——来自某互金企业的证据〔J〕. 经济学 (季刊), 2018, 17 (4): 1503-1524.

〔155〕董文蕙. P2P 模式下非法集资犯罪参与人与被害人之界分〔J〕. 环球法律评论, 2020, 42 (1): 58-71.

〔156〕 Kamakura W A, Kim B, Lee J J. Modeling preference and structural heterogeneity in consumer choice〔J〕. Marketing Science, 1996, 15 (2): 152-172.

［157］Williamson R A. Commercialization of space—The investment opportunities ［J］. Space Policy，1985，1（2）：210-214.

［158］顾海峰 . 银保协作、风险自留与银行信用风险补偿——基于银保信贷系统的分析视角［J］. 财经理论与实践，2018，39（5）：30-36.

［159］张强，王丽亚，耿娜，江志斌 . 政府监管下的医院医疗信息分享演化博弈分析［J］. 运筹与管理，2020，29（1）：23-31.

［160］于涛，刘长玉 . 政府与第三方在产品质量监管中的演化博弈分析及仿真研究［J］. 中国管理科学，2016，24（6）：90-96.

［161］韩景倜，陈群 . 不确定条件下 P2P 网贷平台运营与政府监管演化博弈稳定性分析［J］. 商业研究，2016（3）：36-44.

［162］夏越 . 契约环境、朋友圈网络与借贷行为——基于 P2P 网贷微观数据的研究［J］. 中国经济问题，2018（3）：122-135.

［163］胡金焱，李建文 . "双创"背景的新型金融模式：解构 P2P 网络借贷［J］. 改革，2018（3）：74-89.

［164］刘新民，孙向彦，吴士健 . 异质委托情景下商业类国企三边治理研究［J］. 商业研究，2019（9）：144-152.

［165］刘新民，于文成，王垒 . 不同股权类型制衡度对国有企业双重任务的影响分析［J］. 系统工程，2017，35（10）：59-69.

［166］曲薪池，侯贵生 . 基于三方演化博弈的平台信息安全治理研究［J］. 现代情报，2020，40（7）：114-125.

［167］Lin Y T，Han X P，Chen B K，Zhou J，Wang B H. Evolution of innovation behaviors on scale－free networks ［J］. Frontiers of Physics，2018，13（4）：130-308.

［168］曹柬，吴晓波，周根贵 . 制造企业绿色运营模式演化及政府作用分析［J］. 科研管理，2013，34（1）：108-115.

［169］徐建中，贯君，朱晓亚 . 政府行为对制造企业绿色创新模式选择影响的演化博弈研究［J］. 运筹与管理，2017，26（9）：68-77.

［170］张建平，李焕荣，林澍情 . 上下级调节焦点一致性对员工创新意愿及行为的影响研究［J］. 软科学，2018，32（11）：93-96，100.

［171］Leila S，Mjid M. Aristotle and the theory of decision（Prohairesis）［J］. Philosophical Investigations，2017（20）：249-264.

［172］单纯，梁培培．服务商跟随策略决策及横向服务联盟的演化分析［J］．科技管理研究，2016，36（11）：240-246，253.

［173］付江月，陈刚．奖惩机制下企业与贫困户在产业扶贫中的演化博弈研究［J］．软科学，2018，32（10）：43-48，53.

［174］Hubble M A, Gelso C J. Effect of counselor attire in an initial interview［J］. Journal of CounsePIng Psychology, 1978, 25（6）：581-584.

［175］万晓榆，龙宇，蒋婷．公众参与、政府监管与移动应用安全治理动态演化研究［J］．运筹与管理，2018，27（11）：50-60.

［176］刘新民，孙向彦，吴士健．双重治理体制下企业碳排放的演化博弈分析——基于初始意愿差异化视角［J］．系统工程，2019，37（3）：31-47.

［177］曲薪池，侯贵生，孙向彦．政府规制下企业绿色创新生态系统的演化博弈分析——基于初始意愿差异化视角［J］．系统工程，2019，37（6）：1-12.

［178］Thomas Lee Hazen. Crowdfunding or fraudfunding-social networks and the securities laws—Why the specially tailored exemption must be conditioned on meaningful disclosure［J］. North CaroPIna Law Review, 2012, 90（5）：1734-1770.

［179］Elen B, Kariv S. Distinguishing informational cascades from herd behavior in the laboratory［J］. American Economic Review, 2004, 94（3）：15-15.

［180］Agrawal A, CataPIni C, Goldfarb A. Some simple economics of crowdfunding［J］. Innovation Policy and the Economy, 2014, 14（1）：63-97.

［181］郑玉雯，薛伟贤．丝绸之路经济带沿线国家协同发展的驱动因素——基于哈肯模型的分阶段研究［J］．中国软科学，2019（2）：78-92.

［182］Todd M, Keith V, Ian W. Neighborhood effects on speculative behavior［J］. Journal of Economic Behavior & Organization, 2018, 151：42-61.

［183］Heaton B, Gervais S, Odean T. Overconfidence, compensation contracts, and capital budgeting［J］. The Journal of Finance, 2011, 66（5）：1735-1777.

［184］吴士健，孙向彦，刘新民．过度自信、补偿性契约与生鲜电商三边道德风险规制研究［J］．商业经济与管理，2017（7）：29-36，62.

［185］Medeiros J F, Vidor G, José L D R. Driving factors for the success of the green innovation market：A relationship system proposal［J］. Journal of Business Ethics, 2018, 147（2）：327-341

［186］何珏，梅国平，季凯文．强监管下 P2P 网贷平台能否提供纯信息中

介服务？——基于演化博弈模型及仿真分析 [J]. 管理评论，2021，33（8）：128-138.

[187] Shirkhan L, Mollayousefi M. Aristotle and the theory of decision [J]. Philosophical Investigations, 2017, 11（20）：249-264.

[188] Friedman D. Evolutionary games in economics [J]. Econometrica, 1991, 59（3）：637-666.

[189] Soundarrajan P, Vivek N. Green finance for sustainable green economic growth in India [J]. Agricultural Economics, 2016, 62（1）：35-44.

[190] 李双金，郑育家. 高校众创空间的组织模式选择——基于控制权的视角 [J]. 上海经济研究，2018（8）：37-44.

[191] 陈武，李燕萍. 嵌入性视角下的平台组织竞争力培育——基于众创空间的多案例研究 [J]. 经济管理，2018，40（3）：74-92.

[192] Gafni H, Marom D, Sade O. Are the life and death of an early-stage venture indeed in the power of the tongue? Lessons from online crowdfunding pitches [J]. Strategic Entrepreneurship Journal, 2019, 13（1）：3-23.

[193] 刘刚，张泠然，梁晗，王泽宇. 互联网创业的信息分享机制研究——一个整合网络众筹与社交数据的双阶段模型 [J]. 管理世界，2021，37（2）：107-125，9.

[194] 刘满凤，赵珑. 互联网金融视角下小微企业融资约束问题的破解 [J]. 管理评论，2019，31（3）：39-49.

[195] 钱颖，朱莎. 基于项目类型的股权众筹羊群行为及领投人作用研究 [J]. 科技进步与对策，2017，34（1）：15-19.

[196] Agrawal A, Catalini C, Goldfarb A. Are syndicates the killer app of equity crowdfunding? [J]. California Management Review, 2016, 58（2）：111-124.

[197] 郑海超，黄宇梦，王涛等. 创新项目股权众筹融资绩效的影响因素研究 [J]. 中国软科学，2015（1）：130-138.

[198] 夏恩君，李森，赵轩维. 融资项目的不确定性对股权众筹融资绩效的影响——以领投金额为中介变量 [J]. 技术经济，2016，35（7）：38-45.

[199] 许飞剑，余达淮. 股权众筹视角下投资者权益保护法律问题研究 [J]. 经济问题，2016（11）：42-47.

[200] Vismara S. Information cascades among investors in equity crowdfunding

[J]. Entrepreneurship Theory and Practice, 2018, 42 (3): 467-497.

[201] Mohammadi A, Shafi K. Gender differences in the contribution patterns of equity crowdfunding investors [J]. Small Bussiness Economics, 2018, 50 (2): 275-287.

[202] Brown R, Mawson S, Rowe A. Start-ups, entrepreneurial networks and equity crowdfunding: A processual perspective [J]. Industrial Marketing Management, 2019, 80: 115-125.

[203] Spence M. Job market signaling [J]. The Quarterly Journal of Economics, 1973, 87 (3): 355-374.

[204] Vismara S. Equity retention and social network theory in equity crowdfunding [J]. Small Business Economics, 2016, 46 (4): 579-590.

[205] Lukkarinen A, Teich J E, Wallenius H, et al. Success drivers of online equity crowdfunding campaigns [J]. Decision Support Systems, 2016, 87 (7): 26-38.

[206] Arthurs J D, Lowell W B, Robert E H, Richard A J. Signaling and initial public offerings: The use and impact of the lockup period [J]. Journal of Business Venturing, 2009, 24 (4): 360-372.

[207] Connelly B L, Certo S T, Ireland R D, Ruetzel C R. Signaling theory: A review and assessment [J]. Journal of Management, 2011, 37 (1): 39-67.

[208] 王宗润, 杨梅, 周艳菊. 互联网金融涌现的逻辑: 投资人的视角 [J]. 系统工程理论与实践, 2016, 36 (11): 2791-2801.

[209] 赵尧, 鲁篱. 股权众筹领投人的功能解析与金融脱媒 [J]. 财经科学, 2015 (12): 28-36.

[210] 刘新民, 孙向彦, 吴士健. 异质委托情景下过度自信众创空间动态激励契约设计 [J]. 软科学, 2020, 34 (1): 44-50.

[211] 吴士健, 孙向彦, 周忠宝. 过度自信、违约补偿与众创投资平台三边道德风险规制 [J]. 运筹与管理, 2019, 28 (8): 156-163.

[212] 黄健柏, 杨涛, 伍如昕. 非对称过度自信条件下委托代理模型 [J]. 系统工程理论与实践, 2009, 29 (4): 92-102

[213] 刘新民, 孙向彦, 吴士健. 不同权力结构下二级双渠道供应链决策研究 [J]. 系统工程, 2021, 39 (3): 69-79.

［214］Taylor M A. Relational systems with a thomsen or reidemeister cancellation condition ［J］. Journal of Mathematical Psychology，1972，9（4）：456-458.

［215］Luce R D，Steingrimsson R. Theory and tests of the conjoint commutativity axiom for additive conjoint measurement ［J］. Journal of Mathematical Psychology，2011，55（5）：379-385.

［216］高佳，王旭. 供需同时不确定关系型供应链契约设计与决策 ［J］. 中国管理科学，2016，24（12）：127-138.

［217］Mollick E. The dynamics of crowdfunding：an exploratory study ［J］. Journal of Business Venturing，2014，29（1）：1-16.

［218］袁江天，张维. 多任务委托代理模型下国企经理激励问题研究 ［J］. 管理科学学报，2006（3）：45-53.

［219］Siqueira K，Sandler T，Cauley J. Common agency and state-owned enterprise reform ［J］. China Economic Review，2009，20（2）：0-217.

［220］Petkova A P，Wadhwa，Yao X，et al. Reputation and decision making under ambiguity：A study of U. S. venture capital firms' investments in the emerging clean energy sector ［J］. Academy of Management Journal，2014，57（2）：422-448.

［221］夏晖，王思逸，蔡强. 多目标条件下企业碳配额分配和政府公平——基于（p，α）比例公平的视角 ［J］. 中国管理科学，2019（4）：48-55.

［222］Lindtner S. Hackerspaces and the internet of things in China：How makers are reinventing industrial production，innovation，and the self ［J］. China Information，2014，28（2）：145-167.

［223］Gabriel Licks，Adriano Teixeira，Kris Luyten. Smart makerspace：A web platform implementation ［J］. International Journal of Emerging Technologies in Learning，2018，13（2）：140-156.

［224］Eric J V H. Makerspaces and contributions to entrepreneurship ［J］. Procedia-Social and Behavioral Sciences，2015，195：24-31.

［225］Kemp A. The makerspace workbench：Tools，technologies，and techniques for making ［J］. Teacher Librarian，2013，41（1）：45-71.

［226］解学芳，刘芹良. 创新2.0时代众创空间的生态模式——国内外比较及启示 ［J］. 科学学研究，2018，36（4）：577-585.

［227］陈武，李燕萍. 众创空间平台组织模式研究 ［J］. 科学学研究，

2018, 36（4）：593-600, 608.

［228］Etzkowitz H D, Leydesdorff L A. The dynamics of innovation：from national systems and "Mode" 2 to a triple helix of university-industry-government relations［J］. Research Policy, 2000, 29（2）：109-123.

［229］Milgrom, Holmstrom Paul. Aggregation and linearity in the provision of intertemporal incentives［J］. Econometrica, 1987, 55（2）：303-328.

［230］王垒, 刘新民, 丁黎黎. 异质委托情景下国企高管自利行为对激励契约的影响分析［J］. 上海经济研究, 2015（9）：41-48.

［231］周勤. 转型时期公用产品定价中的多重委托代理关系研究［J］. 管理世界, 2004（2）：43-49.

［232］赵宸元, 蒲勇健, 潘林伟. 考虑公平偏好的链式多重委托代理激励机制［J］. 系统管理学报, 2018, 27（4）：618-627.

［233］Simon H. 管理行为［M］. 北京：机械工业出版社, 2021：83-83.

［234］Hambrick D C. Upper echelons theory：An update［J］. Academy of Management Review, 2007, 32（2）：334-343.

［235］Graham, John R. , Hai Huang, and Cam Harvey. Investor competence, trading frequency, and home bias［J］. Management Science, 2009（55）：1094-1106.

［236］Moore D A, Healy P J. The trouble with overconfidence［J］. Psychological Review, 2008, 115（2）：502-517.

［237］Robinson A T, Marino L D. Overconfidence and risk perceptions：Do they really matter for venture creation decisions?［J］. International Entrepreneurship & Management Journal, 2015, 11（1）：149-168.

［238］伊闽南, 陈国辉. CEO 过度自信、公司治理与盈余预测质量［J］. 改革, 2018（8）：149-159.

［239］Hirshleifer D, Low A, Teoh S H. Are overconfident CEOs better innovators?［J］. The Journal of Finance, 2012, 67（4）：1457-1498.

［240］辛冲, 陈海峰, 陈新, 常冬雨. 领导者过度自信与新产品开发绩效：资源投入视角［J］. 管理科学, 2020, 33（3）：16-26.

［241］王铁男, 王宇, 赵凤. 环境因素、CEO 过度自信与 IT 投资绩效［J］. 管理世界, 2017（9）：116-128.

［242］Luce R D, Steingrimsson R. Theory and tests of the conjoint commutativity axiom for additive conjoint measurement ［J］. Journal of Mathematical Psychology, 2011, 55 (5): 379-385.

［243］王大澳, 菅利荣, 王慧, 刘思峰. 基于限制合作博弈的产业集群企业利益分配研究 ［J］. 中国管理科学, 2019, 27 (4): 171-178.

［244］Kerkhove L P, Vanhoucke M. Incentive contract design for projects: The owner's perspective ［J］. OMEGA, 2016, 55 (6): 93-114.

附　录

变量及注释

变量	注释
$\overline{\pi}_{FI}$	大众投资者保留收益
b_2	未获得尽职服务的大众投资者投资收益
b_1	获得尽职服务的大众投资者投资收益
c_3	众创平台积极作为成本
s_1	交易达成时积极作为的众创平台额外收益
δ_1	众创平台对担保投资机构服务奖励
υ	众创平台服务收益
a_2	担保投资机构投机收益
c_1	担保投资机构服务成本
a_1	担保投资机构服务时毛收益
ϑ	众创平台对担保投资机构投机罚金
H	担保投资机构向众创平台投资总额
ξ_2	众创平台履职时收益共享比例
r	众创平台履职时系统收益系数
λ	政府向担保投资机构转移支付的罚金比例
T	$x=0 \cap z=1$ 情景下政府感知损失
S_2	$x=y=z=1$ 情景下政府感知收益
S_1	$x=y=1 \cap z=0$ 情景下政府感知收益
R_2	$x=z=1 \cap y=0$ 情景下政府感知损失
R_1	$x=1 \cap y=z=0$ 情景下政府感知损失
m	担保投资机构保留收益系数

变量	注释
b	政府积极规制成本系数
h	众创平台不正当收益增幅
δ_2	政府向担保投资机构补贴力度
I	政府向担保投资机构补贴额度
σ	政府向众创平台补贴力度
G	政府向众创平台补贴额度
α	政府对违规众创平台惩罚力度
F	政府对违规众创平台惩罚额度
f	众创平台风控任务努力程度
g	众创平台经济任务努力程度
ρ	众创平台绝对风险规避系数
u_f	众创平台风控任务产出的随机扰动均值
σ_f^2	众创平台风控任务产出的随机扰动方差
σ_h^2	众创平台经济任务产出的随机扰动方差
α_h	众创平台经济任务努力成本系数
η^F	大众投资者从经济任务所获效用弹性系数
α_f	众创平台风控任务努力成本系数
l	第一类过度自信水平
k	第二类过度自信水平
η^L	担保投资机构效用弹性系数
β_h^L	担保投资机构提供的经济任务动态激励系数
β_f^L	担保投资机构提供的风控任务动态激励系数
β_h^F	大众投资者提供的经济任务动态激励系数
β_f^F	大众投资者提供的风控任务动态激励系数
s	众创平台社会任务努力程度
e	众创平台经济任务努力程度
σ_s^2	众创平台社会任务产出的随机扰动方差
σ_e^2	众创平台经济任务产出的随机扰动方差
u_s	众创平台社会任务产出的随机扰动均值

续表

变量	注释
η^G	政府从众创平台社会任务产出所获效用的弹性系数
β_e^G	政府提供的经济任务产出动态激励系数
α_e	众创平台经济任务努力成本系数
α_s	众创平台社会任务努力成本系数
β_s	政府提供的社会任务产出动态激励系数
β_e^V	担保投资机构提供的经济任务产出动态激励系数